星云法语 03

生活·读书·新知 三联书店

身心的安住
广学

星云大师 著

Copyright © 2015 by SDX Joint Publishing Company
All Rights Reserved.
本作品版权由生活·读书·新知三联书店所有。
未经许可,不得翻印。
本书由上海大觉文化传播有限公司独家授权出版中文简体字版。

图书在版编目(CIP)数据

身心的安住:广学/星云大师著.—北京:生活·读书·新知三联书店,2015.5

(星云法语)

ISBN 978-7-108-05222-3

Ⅰ.①身… Ⅱ.①星… Ⅲ.①佛教-人生哲学-通俗读物 Ⅳ.①B948-49

中国版本图书馆 CIP 数据核字(2015)第 020173 号

责任编辑	罗 康
封面设计	储 平
责任印制	卢 岳　张雅丽
出版发行	生活·讀書·新知 三联书店
	(北京市东城区美术馆东街 22 号)
邮　编	100010
印　刷	三河市嘉科万达彩色印刷有限公司
版　次	2015 年 5 月北京第 1 版
	2015 年 5 月北京第 1 次印刷
开　本	880 毫米×1230 毫米　1/32　印张 7.75
字　数	166 千字
印　数	00,001—12,000 册
定　价	28.00 元

总序 十把钥匙

星云大师

《星云法语》是我在台湾电视公司、"中国电视公司"、"中华电视公司"三十年前的"三台时代",为这三家电视台所录像的节目。后来在《人间福报》我继《迷悟之间》专栏之后,把当初在三家讲述的内容,再加以增补整理,也整整以三年的时间,在《人间福报》平面媒体与读者见面。

因为我经年累月云水行脚,在各地的佛光会弘法、讲说,断断续续撰写《星云法语》,偶有重复,已不复完全记忆。好在我的书记室弟子们,如满义、满观、妙广、妙有、如超等俄而提醒我,《人间福报》的存稿快要告罄了,由于我每天都能撰写十几则,因此,只要给我三五天的时间,我就可以再供应他们二三个月了。

像这类的短文,是我应大家的需要在各大报纸、杂志上刊登,以及我为徒弟编印的一些讲义,累积的总数,已不下两千万字了。《星云法语》,应该说是与《迷悟之间》、《人间万事》同一性质的短文,都因《人间福报》而撰写。承蒙读者鼓励,不少人希望结集成书,香海文化将这些文章收录编辑,文字也有百余万字,共有十集,分别为:一、精进;二、正信;三、广学;四、智慧;五、自觉;六、正见;

七、真理;八、禅心;九、利他;十、慈悲。

这套书在《人间福报》发表的时候,每篇以四点、六点,甚至八点阐述各种意见,便于记忆,也便于讲说,有学校取之作为教材。尤其我的弟子、学生在各处弘法,用它作为讲义,都说是得心应手。

承蒙民视电视台也曾经邀我再比照法语的体裁,为他们多次录像,并且要给我酬劳。其实,只要有关弘法度众,我都乐于结缘,所以与台湾的四家无线电视台都有因缘关系。而究竟《星云法语》有多大的影响力,就非我所敢闻问了。

承蒙知名学者李家同教授、洪兰教授、台中胡志强市长,以及善女人赵辜怀箴居士,为此套书写序,一并在此致谢。

是为序。

于佛光山开山寮

推荐序一　宗教情怀满人间

李家同

星云大师的最新著作《星云法语》十册套书，香海文化把部分的文稿寄给我，邀我为序。8月溽暑期间，我自身事务有些忙碌；但读着文稿里星云大师的话，却能感觉到欢喜清凉。

《星云法语》里面有一篇我很喜欢，其中写道："要有开阔包容的心胸、要有服务度生的悲愿、要有德学兼具的才华、要有涵养谦让的美德。"

多年来我从事教育工作，希望走出狭义的精英校园空间，真正帮忙各阶层弱势学生。看着莘莘学子，我想我和星云大师的想法很接近吧，就是教育一定要在每个角落中落实，要让最弱势的学生，能个个感受到不被忽略、不受到城乡资源差别待遇。

青年教育的目的，不就是教育工作者，希望能教养学生，成为气度恢弘的国民吗？

为勉励青年，星云大师写下"青年有强健的体魄，应该发心多做事，多学习，时时刻刻志在服务大众，念在普度众生，愿在普济社会"。

星云大师的话，让我想起《圣经》里的箴言：

"有了信心,又要加上德行;有了德行,又要加上知识;有了知识,又要加上节制;有了节制,又要加上忍耐;有了忍耐,又要加上虔敬;有了虔敬,又要加上爱弟兄的心;有了爱弟兄的心,又要加上爱众人的心。"(《圣经·彼得后书》)

宗教情怀,就是超越一切的普济精神。人间的苦难,如果宗教精神无以救济,那么信仰宗教毫无意义。不论是佛陀精神,或是基督精神,以慈爱的心处世,我想原则上没有什么不同。尤其是青年人,更应细细体会助人爱人的真谛,在未来起着社会中坚的作用。这样,我们现在办的教育,才真正能教养出"德学兼具"的青年,让良善能延续,社会上充满不汲汲于名利,助人爱人的和谐气氛。

香海文化出版的《星云法语》,收录了精彩法语共计1080篇,每一篇均意味深长,适合所有人用以省视自己,展望未来。"现代修行风"不分基督、佛陀,亲切的圣人教诲,相信普罗大众都很容易心领神会。

如今出版在即,特为之序。

(本文作者为台湾暨南大学教授)

推荐序二　安心与开心

洪　兰

在乱世,宗教是人心灵的慰藉,原有的社会制度瓦解了,一切都无法制、无规章,人民有冤无处伸,只有诉诸神明,归诸天意,以求得心理的平衡。所以在东晋南北朝时,宗教盛行,士大夫清谈,把希望寄托在另一个世界。历史证明那是不对的,这是一种逃避,它的结果是亡国。智者知道对现实的不满应该从改正不当措施做起,众志可以成城,人应该积极去面对生命而不是消极去寄望来生。星云大师就是一个积极入世的大师,他在海内外兴学,风尘仆仆到处弘法,用他的智慧来开导世人,他鼓励信徒从自身做起,莫以善小而不为,当每个人都变好时,这个社会自然就好了。这本书就是星云大师的话语集结成册,印出来嘉惠世人。

人在受挫折、有烦恼时,常自问:人生有什么意义,活着干什么?大师说,人生的意义在创造互惠共生的机会,这个世界有因你存在而与过去不同吗?科学家特别注重创造,就是因为创造是没有你就没有这个东西,没有莫扎特就没有莫扎特的音乐,没有毕加索就没有毕加索的画,创造比发现、发明的层次高了很多,人到这个世上就是要创造一个双赢的局面,不但为己,也要为人。英文谚语有一句：Success is when you add the value to yourself. Significance is when you add the value to others. 只有对别人也有利时，你的成功才是成功。所以大师说，生命在事业中，不在岁月上；在思想中，不在气息上；在感觉中，不在时间上；在内涵中，不在表相上。这是我所看到谈生命的意义最透彻的一句话。

挫折和灾难常被当作上天的惩罚，是命运的错误；其实挫折和灾难本来就是人生的一部分，不经过挫折我们不会珍惜平顺的日子，没有灾难不会珍惜生命。人是高级动物，是大自然中的一分子，不管怎么聪明、有智慧，还是必须遵行自然界的法则，所以有生必有死，完全没有例外。但是人常常参不透这个道理，历史上秦始皇、汉武帝这种雄才大略的人也看不到这点，所以为了求长生不老，倒行逆施，坏了国家的根基，反而是修身养性的读书人看穿了这点。宋代李清照说"今手泽如新，而墓木已拱……然有有必有无，有聚必有散，乃理之常。人亡弓，人得之，又胡足道"。看透这点，一个人的人生会不一样，既然带不走，就不必去收集，应该想办法去用有限的生命去作出无限的功业。

一个入世的宗教，它给予人希望，知道从自身做起，不去计较别人做了什么，只要去做，世界就会改变。最近有法师用整理回收物的方式带信徒修行，他不要信徒捐献金钱，但要他们捐献时间去回收站做义工，从行动中修行。我看了这个报道真是非常高兴，因为研究者发现动作会引发大脑中多巴胺（dopamine）这个神经传导物质的分泌，而多巴胺跟正向情绪有关，运动完的人心情都很好，一个跳舞的人即使在初跳时，脸是板着的，跳到最后脸一定是笑的。所以星云大师劝信徒，从动手实做中去修行是最有效的修行，对自己对社会都有益。

在本书中,大师说生活要求安心,心安才能体会人生的美妙,才听得到鸟语,闻得到花香,所以修行第一要做到心安,既然人是群居的动物,必须要和别人往来,因此大师教导我们做人的道理,列举了人生必备的10把钥匙,书的最后两册是要大家打开心胸,利他与慈悲,与一句英谚 You can give without loving, you can never love without giving 相呼应。不论古今中外,智者都看到施比受更有福。

希望这套书能在目前的社会中为大家浮躁的心灵注入一股清泉,人生只要心安,利人利己地过生活,在家出家都一样在积功德了。

(本文作者为台湾阳明大学神经科学研究所教授)

推荐序三　法钥匙神奇的佛

胡志强

星云大师,是我一直非常尊敬与佩服的长者。

长久以来,星云大师所领导主持的佛光山寺与国际佛光会,闻声救苦,无远弗届,为全球华人带来无尽的希望与爱。

大师的慈悲智慧与宗教情怀,让许多人在彷徨无依时,找到心灵的依归。另一方面,我觉得大师潇洒豁达、博学多闻,无论是或不是佛教徒,都能从他的思想与观念上,获得启迪。

星云大师近期出版的《星云法语》,收录了大师1080篇的法语,字字珠玑,篇篇隽永。

我很喜欢这套书以"现代佛法修行风"为诉求,结合佛法与现代人的生活,深入浅出地阐释。尤其富有创意的是,以十册"法语"打造了十把"佛法钥匙",打开读者心灵的大门,带领我们从不一样的角度,去发现与体会生活中的点点滴滴。

以《旅游的意义》这篇文章为例:

"……就像到美国玩过,美国即在我心里;到过欧洲度假,欧洲也在我心里,游历的地区愈丰富,就愈能开阔我们的心灵视野。

当我们从事旅游活动时,除了得到身心的纾解,心情的愉悦之外,还要进一步获得宝贵的知识。除了外在的景点外,还可以增加一些内涵,作一趟历史文化探索之旅,看出文化的价值,看出历史的意义。

比方这个建筑是三千年前,它历经什么样的朝代,对这些历史文化能进一步赏析后,那我们的生命就跟它连接了。"

"我们的生命就跟它连接了"这句话,让我印象十分深刻,生动描述了"读万卷书,行万里路",正是一种跨越时空的心灵宴飨。

在《快乐的生活》一文中,大师指点迷津。他说:"名和利,得者怕失落,失者勤追求,真是心上一块石头,患得患失,耿耿于怀,生活怎么能自在?"

因此"身心要能健康,名利要能放下,是非要能明白,人我要能融和"。

在《欢喜满人间》这篇文章中,大师指出:人有很多心理的毛病,例如忧愁、悲苦、伤心、失意等。佛经形容人身难得如"盲龟浮木",一个人在世间上一年一年地过去,如果活得不欢喜,没有意义,那又有什么意思?如何过得欢喜、过得有意义?

他提出几点建议:"要本着欢喜心做事,要本着欢喜心做人,要本着欢喜心处境,要本着欢喜心用心,要本着欢喜心利世,要本着欢喜心修行。"

看到此处,我除了一边检视自己在日常生活中做到了多少?另一方面,也希望把"欢喜心"的观念告诉市府同仁,期许大家在服务市民时认真尽责之外,还能让民众体会到我们由衷而发的"欢喜心"。

而《传家之宝》一篇中所提到的观点,也让为人父母者心有戚戚焉。

大师说：一般父母，总想留下房屋田产、金银财富、奇珍宝物给子女，当作是传家之宝；但是也有人不留财物，而留书籍给予子女，或是著作"家法""庭训"，作为家风相传的依据。乃至禅门也有谓"衣钵相传"，以传衣钵，作为丛林师徒道风相传的象征。

他认为"传家之宝"有几种：包括宝物、道德、善念与信仰。到了现代，书香、善念、道德、信仰更可以代替钱财的传承，把宗教信仰传承给子弟，把善念道德传给儿孙，把教育知识传给后代。

"人不能没有信仰，没有信仰，心中就没有力量。信仰宗教，如天主教、基督教、佛教等，固然可以选择，但信仰也不一定指宗教而已，像政治上，你欢喜哪一个党、哪一个派、哪一种主义，这也是一种信仰；甚至在学校念书，选择哪一门功课，只要对它欢喜，这就是一种信仰。有信仰，就有力量，有信仰，就会投入。能选择一个好的宗教、好的信仰，有益身心，开发正确的观念，就可以传家。"

细细咀嚼之后，意味深长，心领神会。

星云大师一千多篇好文章，深刻而耐人寻味，我在此只能举出其中几个例子。很感谢大师慷慨分享他的智慧结晶，让芸芸众生也有幸获得他的"传家之宝"。

在繁忙的生活中，每天只要阅读几篇，顿时情绪稳定、思考清明、心灵澄静。有这样的好书为伴，真的"日日是好日"！

（本文作者为台中市市长）

推荐序四　人生的智慧和导航

赵辜怀箴

我一直感恩自己能有这个福报,多年来能跟随在大师的身边,学习做人和学习佛法。每一次留在大师身边的日子里,都可以接触到许多感动的心,和感动的事;每一次都会让我感觉到,这个世界真的是非常的可爱。

大师说:他的一生就是为了佛教。这么多年来,大师就这样循循地督促着自己,为此,马不停蹄地一直在和时间做竞跑。大师的一生,一向禀持着一个慈悲布施、以无为有的胸怀,做大的人,做大的事。如果想要问大师会不会和我们一样斤斤计较?我想他唯一真正认真计较的事,就是,对每一天的每一分和每一秒吧!

在大师的一生里,大师从来不允许自己浪费任何一分一秒的时间;无论是在跑香、乘车、开会、会客或者进餐;大师永远都是人在动,心在想,手在做,眼观六路,耳听八方,把1分钟当10分钟用;在高效率中不失细腻,细腻中不失大局,大局中不失周全;周全里,充满了的是大师对每一个人无微不至的关怀和体贴。

大师自从出家以来,只要是为了弘法,大师从来不会顾及自己的健康和辛苦,数十年如一日,南奔北走,不辞辛劳地到处为信徒开示演讲;只要有多余的时间,大师就会争取用来执笔写稿;年轻时也曾经为了答应送一篇文稿给出版社,连夜乘坐火车,由南到北。大师从年轻时就非常重视文化事业,大师也坚信用文字来度众生的重要。大师一生一诺千金,独具宏观,不畏辛苦,忍辱负重,在佛教界树立了优良的榜样,对现代佛教文化事业得以如此的发达,具有相当肯定的影响力。到目前为止,大师出版的中英文书籍,已经不下数百本。

记得在20世纪60年代的时候,大师鉴于电视弘法不可忽视的力量,即刻决定要自己出资,到电视公司录制作晚上8点档的《星云法语》,使其成为台湾第一个在电视弘法的节目。我记得大师的《星云法语》是在每天晚间新闻之后立即播出,播出的时间是5分钟,节目的制作,既"精"又"简"。节目当中,配合着简单明了的字幕,听大师不急不缓地娓娓道来,让观众耳目一新,身心受益。

这个节目播出之后,立即受到广大观众的喜爱和回响。大师告诉我,在节目播出之后不久,由于收视率很好,电视公司自动愿意出资,替大师制作节目;大师从此不但有了收入,也因此多了一个电视名主持人的头衔。这个《星云法语》的电视节目,也就是今天所出版的《星云法语》的前身。

佛光山香海文化公司精心收录的《星云法语》即将出版。这一条佛法的清流,是多年来星云大师为了这个时代人心灵的需求,集思巧妙地运用生活的佛教方式,传授给我们无边的法宝。每一篇,每一个法语,星云大师都透过对细微生活之间的体认,融合了大师在佛法上精深的修行智慧。深入浅出地诠释,高明地把佛法当中的精要,很自然地交织在生活的细致之间,用生活的话,明白地说出现代佛法的修行风范,让读者有如沐浴在法语春风之中的感觉,很自然地呼吸着森林里散发出来的清香,在每一个心田里默默地深耕着。等待成长和收割的喜悦,沐浴着太阳和风,是指日可待的。

今承蒙香海文化公司的垂爱,赐我机会为《星云法语》套书做序,让我实在汗颜;几经推辞,又因香海文化公司的盛情难却,只有大胆承担,还请各位前辈、先学指正。我在此恭祝所有《星云法语》的读者,法喜充满。

(本文作者为国际佛光会世界总会理事)

目 录

卷一 佛教的理念

佛教的理念 / 3
佛教的特质 / 5
如何解脱自在 / 7
合掌的意义 / 9
正信之美 / 11
无常 / 13
佛教现代化 / 15
不净观 / 17
平等法 / 19
如何去除污垢 / 21
人间佛教 / 23
布施的层次 / 25
布施功德 / 27
欲的认知 / 29

求法之要 / 32
感应的真义 / 34
朝山功德 / 36
敲打木鱼的意义 / 38
寺院的功用 / 40
宗教人的共识 / 42
信仰 / 44
对治的方法 / 46
对治之方 / 48
学佛的正见 / 50
何谓善知识？/ 52
随喜的功德 / 54
不净之因 / 56
嗔恚的过患 / 58

何谓禅？/ 60
处事禅心 / 62
何谓禅心？/ 64
禅的譬喻 / 66
禅机 / 68

禅观的世界 / 70
禅的真理 / 72
禅的修行 / 74
禅者的风范 / 76

卷二　心的管理

心的管理（一）/ 81
心的管理（二）/ 83
发心 / 85
运心 / 87
驭心 / 89
疗心 / 92
看心 / 94
平常心 / 96
用心 / 98
如何用心 / 100
用心学习 / 102
用心不同 / 104
修养身心 / 106
再谈平常心 / 108
发心难 / 110
宗教徒的心胸 / 112
静坐的功效 / 114

如何改心 / 116
心的应用 / 118
唯心所造 / 120
身心的安住 / 122
转心的重要 / 124
调心 / 126
万事由心 / 128
修心学佛 / 130
心的秘密 / 132
平常心 / 134
心的妙用 / 136
治心 / 138
济世之心 / 140
点亮心灵的灯光（一）/ 142
点亮心灵的灯光（二）/ 144
恒心的力量 / 146
如何调心？/ 148

心的调整 / 150　　　　　人心的疾病 / 156

涵养身心之妙 / 152　　　心的造业 / 158

心灵净化 / 154　　　　　空静心悟 / 160

卷三　如何日日增上

忏悔的力量 / 165　　　　苦行的次第 / 197

因缘果报 / 167　　　　　修行的境界 / 199

察言应对 / 169　　　　　境界来临时 / 201

净土世界 / 171　　　　　如何超脱 / 203

如何清净 / 173　　　　　何谓威仪 / 205

因果 / 175　　　　　　　佛魔之别 / 207

何谓净土 / 177　　　　　成果与因缘 / 209

菩萨的作为 / 179　　　　了解缘起 / 211

菩萨的精神 / 181　　　　福报哪里来？/ 213

持戒之诫 / 183　　　　　菩萨的行为 / 215

平等法 / 185　　　　　　戒的利益 / 217

何谓法会？/ 187　　　　如何解脱生老病死 / 219

如何日日增上 / 189　　　去除无明 / 221

妙因妙果 / 191　　　　　生死的意义 / 223

如何做功德 / 193　　　　了生脱死 / 225

如何佛光普照 / 195

卷一 | **佛教的理念**

现在,佛教从山林走入社会,
从寺院扩及家庭,将佛法落实于人间,
使每个人生活美满、家庭幸福,
群我之间和睦友善。

佛教的理念

常有人问,佛教义理浩瀚广大,若简而言之,什么是佛教的理念?过去,佛教注重深居山林的出世形式,现在,佛教从山林走入社会,从寺院扩及家庭,将佛法落实于人间,使每个人生活美满、家庭幸福,群我之间和睦友善。佛教是以人为本的宗教,从过去到现在,有着不变的理念,即:

第一,佛教的主旨是造福人类

佛陀降诞于世间,就是为了"示教利喜",以利他为本怀,开示众生解脱之道,引导众生入佛知见,而减少烦恼,增福修慧,让众人能见证法喜安乐,永断烦恼,远离无明。所以佛教是以出世的精神,做入世的事业,希望带给人间和平富足,让众生得到现世的幸福安乐。

第二,佛教的准则是慈悲平等

佛教提倡慈悲,这种慈悲是无偏私的关爱,无对待的包容,是平等的慈悲。虽然社会上常呼吁要发挥爱心,但是在实施时,难免会有偏颇,而成为有条件、有拣择、有对等交易的付出。真正的慈悲应该具有"无缘大慈,同体大悲"的精神,也就是予人快乐,拔人痛苦时，不一定彼此间要有关系，即使素昧平生，对方有了困难，就应无条件地帮忙，这就是平等对待的慈悲。

第三，佛教的目标是融和欢喜

人与人相处，常因为意见分歧，或个性、习惯的差异，造成彼此互相排挤，族群之间的摩擦，国家之间的对立也是如此。佛教主张"同中存异，异中求同"，不同同之谓之大，此"大"便是一种融和、包容的雅量。国家能够融和各族群、各团体、各党派，必定能祥和富强，世界上每个国家能够融和，必定能和平无争，皆大欢喜。

第四，佛教的理想是净化人间

现今社会世风日下，人心充斥贪婪邪见，就是因为佛法未能普及。如果佛教能普遍弘传，则可以补法律之不足，使每一个人心存道德观念，遵守法治规范，不为非作歹，而利己利人，能如此，建设人间净土就不难矣。人间净土人人和善，没有人我是非，没有阶级差别，也没有政治破坏，是一个彼此尊重包容、安和乐利的净土。

佛教的理念，是让每个人能去除痛苦，得到快乐；离开虚妄，回到真实；扫除杂染，重拾清净，这种安身立命的理想境界，就是佛教的理念。

佛教的特质

常有人说,所有的宗教都是劝人为善,都是一样的。其实,宗教虽有共通处,但也有不共通的,这就好比哲学、科学、文学、医学……各种学科,对人类都是有益的,但是这些学科也各有其不同的特质。在各个宗教中,佛教的特质有哪些呢?以下列出四点:

第一,具有因果的理则

因果是一切道理的原则,《瑜伽师地论》卷三十八说:"已作不失,未作不得。"种什么因,得什么结果,揭示了佛教因果论的特点。宇宙人生的一切,彼此相依相待而存在,万事万物都是仗"因"托"缘",才有"果"的生起,此"果"又成为"因",等待缘聚合又生他果,相依相摄,森罗万象、无穷无尽。

第二,具有缘起的中道

从因到果之间还有个"缘"。好比种子种下去,还要有阳光、空气、水分才能结果。世间上万事万物都是有缘才能生起,彼此关系相依相存,是不能单独存在的,一旦组成的因缘散失,也就不复存在了。认识缘起,就会知道人生祸福、好坏皆是自己所造,非有他力可以主宰,唯有自己才是自己的主人,如此必能帮助我们把握人生的方向,认识人生的意义。

第三,具有业感的润生

"假使百千劫,所作业不亡;因缘会遇时,果报还自受。"一颗种子收藏在家里,它不会生长,但假如把它放在泥土里,它有了因缘,受到滋润,就会发芽、结果。同样的,一个人的身口意所造作的业,无论是善、恶,说一句话、做一件事,都会有果报的。做好事,会有好的业感,做坏事,有恶的业感,一不小心做了坏事,有坏的业感也不要恐惧,受报等于有期徒刑,受报以后还会再回来。因此,认识因果业感,就能为自己负责,创造幸福。

第四,具有空有的一如

《心经》说:"空"即是色,色即是"空",讲的就是"空有一如"。许多人把"空"和"有"分开,其实"空"和"有"不是两个,而是一个,等于一体的二面。"空、有"好比大海的波浪,风平浪静时候的海,是水,惊涛骇浪时候的海,也是水。波浪没有离开水,动没有离开静,有没有离开空;波水一体,动静一如,空有是不二的。

明白因果缘起,善知业感报应,才能明白人生的真实,懂得空有一如的道理,不再执着束缚,生命就会豁达开朗。

如何解脱自在

禅宗四祖道信问三祖僧璨禅师:"如何解脱自在?"僧璨反问:"谁缚汝?"此话可谓道破千古疑团。普天之下最能系缚我们的,不是别人,而是自己。当我们执着于金钱时,金钱就钳制我们的心志;当我们执着于权位时,权位就套牢我们的胸襟。自古以来,能从名枷利锁里解脱自在的,又有几人?提供以下四点解脱自在的方法:

第一,用平常心生活

平常心就是"不以物喜,不以己悲"的心境。在日常生活里,凡事不必标新立异、炫耀自我,用平常心,老老实实、本本分分的态度生活,也不必自觉怀才不遇,而愤世嫉俗。有,固然可以生活不忧;无,也可以放达自在。惠能大师的"本来无一物,何处惹尘埃",就是一种平常心,有了平常心,生活里就不会因妄想而颠倒挂碍。

第二,用惭愧心待人

我们每天举心动念、待人处事,难免有缺失或不完美之处,若常怀惭愧心,就能清净我们的身口意,而远离烦恼。在待人接物里,随时想到:"真惭愧!我对你没有贡献、没有帮助,对你还不够友爱。"如果能以此心待人,必能增加人我之间的友谊。

第三,用无住心接物

《金刚经》说:"应无所住而生其心",无住心好比出家生活,出家无家处处为家,又好比天上的太阳,住在虚空里,所以显其大、显其永恒。无住心,就是超越人我是非得失,对所有的事物,都能随情、随机、随缘。若用无住心接物,虽千钧加顶,也能举重若轻。

第四,用菩提心修道

我们要如何进德修业,培养健全的人格呢?用菩提心;菩提心就是上求佛道、下化众生的心。有了菩提心就有力量,对家人、社会、国家、众生,就有"上弘下化"的使命和责任,这就是用菩提心修道。

不放开脚步,无法向前迈进。我们要解脱自在,不但要学习放下,更需培养旷达的胸襟,能想得开,想得远,看得宽,看得大。历来诸佛菩萨与古今豪杰,哪一个不是为了大众福祉,而放下个人安逸,赴汤蹈火在所不辞。他们在让众生离苦得乐时,自己也获得了自在解脱。

合掌的意义

军人见到长官要敬礼,学生见到老师要问好;过去,晚辈见到长者要鞠躬,西洋人见面也要握手、甚至拥抱,这些都是一种心意的交流。合掌的意义也是这样。《华严经》云:"合掌以为华,身为供养具;善心真实香,赞叹香烟布。"一合掌,给人感觉庄重、尊敬;一合掌,流露内心虔诚、谦虚。它蕴涵很多的意义,提出以下四点参考:

第一,制心一处

《佛遗教经》说:"制心一处,无事不办。"一个合掌,是合十法界于一心,凝聚所有的心力。

在佛门行仪课程中,常会要求修道人要"合掌当胸如捧水",即两只手合在胸口,好似捧水一般慎重敬谨。平常我们的心是分散的,现在一合掌,能把散乱惯了的心意集中起来,里外一如,就能时时集中,时时正念。

第二,端正庄严

许多人讲话手舞足蹈,眉飞色舞,坐没有坐相,站没有站相。但是,只要他一合掌起来,内心自然流露出庄严的气质,祥和平安,那份恬静端庄的威仪,肃穆摄受,让旁人见了,自己的行为举止,也不敢随便造次,烦躁的身心,自然安稳下来。

第三,情意交流

平时,有陌生人搭讪时,你可能会心生警戒;或是不熟悉的人,你对我什么心意,我对你什么感想,彼此都不知道是好意、坏意。但是,不论在哪里、什么时间,只要一个合掌,你就能感受到一份友好、一种和善,流露出礼貌、尊重、恭敬,这是一种人与人善意的交流。除此之外,合掌向佛,也是代表与圣者、真理交流接心,一次合掌,一次的品格道德,自然就升华起来了。

第四,虔诚祝福

合掌的双手,是世间最美的手,也是一种关心、祝福。比方我要对人好,你要表达感谢,都可用合掌表示。比方两人见面时,祝贺别人的生日寿诞,向人家说:"新年恭喜""金榜题名""升官发财",又如祝福别人"有情人终成眷属""家庭平安"等,经过合掌,彼此都增加好感。说再多的话,都不如双手合十表达内心的欢喜、诚意、感谢。透过合掌,人与人可以交心、互助、祝福。而悟到真理的人,禅心妙谛都在合掌中,我就是宇宙,宇宙就是我。合掌的意义,实在是无限。

正信之美

人是信仰的动物,人只要有生死问题,就会有信仰。说到信仰,有的人不假分辨,不去了解信仰的意义,只是一味地迷信。当然,迷信总比不信好;不信又比邪信安全。但是人最重要的是要有正信,才不会走错了路。正信不是随便乱信,正信就是所信仰的对象必须是有道德、有历史、有能力,在历史上记载着实有其人,而且具有清净的人格,能够指引我们、帮助我们解脱生死,否则我们信它做什么呢?所以,有了真正的信仰,人生会很美。

正信怎么美呢?有四个譬喻:

第一,正信如琴瑟妙音

人有了正信以后,自己的知见一正,所谓正知正见,每天耳中所听到的都是正当、真实、善美的话语与音声,犹如琴瑟之音一般美妙,自然能杜绝靡靡之音,而不会被邪魔外道扰乱了。

第二,正信如明镜照人

人有了正信,就好像拥有一面光明的镜子,自己的本来面目都能看得清清楚楚。尤其在正信的镜子里,一切是非、好坏、善恶、因果,都能明明白白地看个清楚,而不会无明地怨天尤人,如此自然懂得处理人生的一切得失。

第三，正信如大地安稳

人有了正信，可以引导我们的前途，让我们每一步路都如履平地般的安全、平稳。就好像在大地上兴建高楼，地基稳固，就很安全。反之，如果信仰错误，走上了邪信之路，则如临渊履薄，随时都有失足坠崖之患。所以，有了正信，就好像走在平稳的大地上，不致发生危险。

第四，正信如日月星光

人有了正信，就像宇宙间有了日月星光，能够带来光明、希望。有了正信的人，自然能开发内心的般若之光，时时刻刻都如日光般的朗朗照耀，又如月光般的清凉愉悦，人生何其美好！

有人质疑，信仰宗教能得到什么利益、好处？其实哪怕只是星星之光，也能引导我们知道东南西北，也能把黑夜点缀得很美。所以，正信对于每一个人的生活、心境，都有很重要的关系。

无常

佛教有一个非常好的真理,那就是"无常",但是一般人都不喜欢听到,以为人生无常、世间无常、国土无常,什么东西都不长久,感到没有希望。其实,那是从消极上去解释。如果从积极面看,"无常"很好。比方,我没有学问,这不是天生注定,因为"无常",只要我肯用功,肯努力向上,我慢慢会有学问。我很贫穷,没有关系,因为"无常",只要我辛勤努力,我可以赚钱、我可以发财。什么是"无常"?以下四句偈说明:

第一,积聚皆消散

世间上的物质、钱财,不论积聚多少,终有散失用罄的时候,假如你过于执着放不下,那么积聚也仅仅作保存而已,无所功德,甚至还容易为它所役,患得患失,苦恼不已。反之,倘若你能善加利用,用于正途,用在有智慧的地方,造福社会、利益大众,即使消散之后,一旦有因缘,它也会再积聚。

第二,崇高必堕落

一个人拥有再崇高的声望,好比历史上的英雄人物,当大限到来时,再叱咤风云,也是过眼云烟。因此,当位崇名高时,当思敬谨,常思"如何有益于人""如何培植福德"。倘若一时失败,也不要紧,只要反省奋发,你也会有再成功的时候。

第三,合会终必离

合会是欢喜的,别离是悲哀的,这是人人都有的感受,所以古人言:"黯然销魂者,唯别而已矣!"有"会",就会有"离",这是必然的真理,若不能体会放下,别离就会成为世间最伤痛牵挂的事。因此,与其挂念别离的不舍,不如积极珍惜眼前相聚的时刻。就算离别了,只要因缘聚集,将来也会有再会合的时候。

第四,有生必有死

面对生死问题,佛陀明示弟子不要伤心,有了生,就会有死,这是世间的真理,天地万物都是如此。同样的,有了死,也会有生,生了又死,死了又生。好比一江春水向东流,不管流到那里去,仍会流回来;如木柴一根根的烧完了,但延续生命的火种仍然存在。所以死亡并不代表灭亡,生死并不可怕。

世间上什么都可以改变,因为"无常",我有希望;因为"无常",我有未来;因为"无常",我可以改过;因为"无常",我可以进步,"无常"实在美好。

佛教现代化

目前世界各国积极推动现代化,例如:军事现代化、经济现代化、建筑现代化、教育现代化等。全世界都重视要现代化,而佛教讲究人心,在弘法上当然也讲究现代化,才能符合人心。"佛教现代化"有四点:

第一,佛法多语化

佛陀时代,印度的语言就有220多种,主要语言也有13种。佛陀传教也应用多种语言传法,所谓"佛以一音演说法,众生随类各得解",语言的运用即是方法之一。因此,在佛法的弘传上,如果大家都能利用各种语言来作为沟通的桥梁,重视英、日、韩、法、德、西、葡等语言,使之普遍,佛教必定更让许多人了解、接受。

第二,佛教科技化

佛教非常重视科学和技术,就如过去佛陀说法的时候,便经常运用举喻来说明事理,甚至显现种种方便神通来度化众生,那就是一种以科技弘法的方式。佛教要现代化,在设备上,也要配合社会科技的发展。例如使用投影机、电视机、计算机、网络,甚至远程教学等等,这些都可以用来辅助弘法,让佛法的传播更为便利。

第三,修行生活化

佛教重视修行,因为修行能让身心端正,解脱烦恼。但是,修行不只是在经典或在口头上,而是必须落实在生活上。比方讲到外表,要有威仪,要能"行如风""坐如钟""卧如弓""立如松";讲到心里,要能持戒,要有禅定、般若、慈悲,把这些运用到生活里,也就是所谓"福慧双修""行解并重""知行合一"。对家庭、社会要服务奉献,对生活所作所为,要合乎理则、合乎法则,才能有所功用。

第四,寺院学校化

现代大部分的寺院建筑,都不只是建一个佛殿、供一尊佛像而已,已经开始注重建讲堂、教室、图书馆。寺院不但保有传统的制度、内涵,也兼具有学校教育的功能。住持就是校长,聘请不同的老师上课,为大众服务,发挥多项教育、文化等功能。因此,寺院学校化,对社会教育的提升必定能有贡献,对信徒的修养也必定有所增长。

现代化是全球的趋势,佛教也要"走出去",走入人群,深入民心。

不净观

"不净观"是佛教的一种修持观想行法。众生因为贪爱,于我、我所有上面,产生执着爱染,而生起种种痛苦,佛陀于是教导众生观想自他肉体充满屎、尿、涕、唾等肮脏之物,以减少对他身及自身的淫欲贪爱。如果能以不净观善摄其心,就能去除贪爱染着。这里有六种不净观,提供大家参考:

第一,欲为第一海

佛经比喻众生的贪欲,犹如大海,所谓:"爱河千尺浪,苦海万重波""众生流转爱欲海,无明网覆大忧迫""众生漂溺诸有海,忧难无涯不可处",均说明欲海狂澜,会使人沉沦灭顶。

第二,痴为第一暗

愚痴好比沉睡在漫漫长夜中的人,不知道哪一天才能醒过来;愚痴好比"一翳在眼,空花乱坠",完全无法看清楚前途的状况;愚痴恰似小婴儿,不能分辨食物与粪秽,随便拿起来就往嘴巴里塞一样。所以,愚痴的人,一直处在黑暗无明的地方。

第三,嗔为第一怨

一个人如果常常暴怒、发脾气,会招来许多怨恨。有些人习惯随便骂人、欺负人,或是闲话是非,这些都会有因果报应的。嗔恚像野火一样,还没有烧到别人之前,已经将自己烧得面目全非了,所以,嗔恚的恶相是为第一怨。

第四,妒为第一火

《梁皇宝忏》记载梁朝武帝的皇后郗氏,生前嫉妒六宫嫔妃,动心发口有如毒蛇,因心怀嗔妒之火,死后堕为蟒蛇,不但无洞穴可以栖身,还要饱受饥饿、身体鳞甲被虫啃啮之苦。后来郗氏向武帝求救,借由忏悔熏修之力,才脱离蟒蛇身。所以嫉妒之火,不仅伤害别人,更会烧毁自己。

第五,疑为第一障

疑心,是人与人之间很大的障碍,有的人怀疑自己诸根暗钝、罪垢深重,就不容易消除业障;有的人怀疑受道的师长,威仪德行不具足,自己就无法成就道业;有的人怀疑所受之法非真正之道,不肯敬信受行。在这些疑心之下,最大的受害者是自己。因为怀疑自己,自己就无法发挥能量;怀疑别人,别人也不会相信你;怀疑真理,自己就无法开悟。所以,为人要任贤勿贰,去邪勿疑。

第六,慢为第一高

慢是六大根本烦恼之一,即比较自己与他人高低、胜劣、好恶等,而生起轻蔑他人的自恃心。慢心如同高山,会挡住人我之间的友谊,障碍彼此之间的往来沟通。

欲海狂澜、痴黯黑宅、嗔怨恶象、嫉妒火焰、疑云幢幡、骄慢高山六种不净,都在我们的身心内外,所以我们要时时观看它所带来的祸患。

平等法

平等是人人所求,民主国家强调人民权益平等,弱势国家争取国际往来平等,甚至妇女争取两性平等。

什么是平等法?有以下四点:

第一,好恶要有全面的评鉴

人世间的好恶,有时很难判断。有人作奸犯科却非常孝顺,有人飞黄腾达却奸恶无比。三国曹操允文允武,雄才大略,因为权诈而被讥为"一代奸雄";穷苦的吕蒙正,靠后天的努力,三度为北宋宰相,敢于直言,政绩卓著,生活却奢侈无度,受人争议。所以说,要评鉴一个人,实在必须从各方面来探讨。

第二,美丑要有内外的观察

《周礼》提到女子要具备"四德","妇容"是其中之一;大多数人看女人,也常以容貌美丽为优先。不过,三国诸葛亮,名媛美人他不爱,娶了一位发黄皮黑而贤德兼备的妻子,让他一展大志,无后顾之忧。清朝周渔璜,不爱大财主的貌美千金,选择简朴而知书达礼的村姑,夫唱妇随,生活惬意。自古窈窕淑女,君子好逑,外表的美貌固然能为仪表加分,内在的品德,却也不能不重视。

第三,男女要以能量论高低

不可否认的,社会上还存在男女不平等的问题,如同工不同酬等。其实,不必去分男人与女人哪个尊贵,应看个人能量的发挥。你看,选举时,必定以民意支持度高的人当选,演讲时,也以讲得精彩的人胜出,文章以文采见解好者为优,心胸以开阔远达者为佳。因此,男女之间高低,以发挥的能量来衡量才是平等。

第四,老少要从心智去了解

佛经云:"长者不必以年耆。"也就是说,长者不完全以年高这一点来认定,而是以戒德为准。同样的,一个人的老少成熟,对事情的看法、处理,也不只是从年龄来看。像鸠摩罗什的小乘老师盘达特,后来反拜鸠摩罗什为大乘的老师,佛门有"先入门者为师兄""开悟者为上座",人的老少,当从心智上去了解。

如何去除污垢

地板脏了,可以用扫把、吸尘器来处理;身体脏了,借助清水、肥皂也可以轻易解决。这些外在的污秽,可以很快就看到、察觉,也可以快速清洁整理,还他本来面目。可是有些污垢不外显,如性格上的缺陷,心理的不洁习性,这些污垢不仅难察觉,即使察觉,若无方法也不容易去除。在此提出四点常见的污垢:

第一,不念好是性格上的污垢

有些人的性格,只会想到别人的缺点,记住别人的过失。眼中看到的是他人的不完善,口边讲的是别人的坏话。这种念坏不念好的习气,是性格上的肮脏,要设法去除。训练自己以感谢的心看待一切因缘,以慈善的眼放大他人的好处,以赞美的话说人家的好。以善意、善心、善言来洗净这个"不念好"的污垢。

第二,不勤勉是持家上的污垢

有人生性疏懒,不勤劳不自勉,就想依赖家人,四肢不勤,过着茶来伸手、饭来张口的生活,成为家人的负担。这种人是家庭的污垢。身为家庭的一分子,对自家要有贡献,俗话说:"兄弟同心,其利断金"。应勉励自己成为家庭栋梁,而不是寄生虫。

第三，不盥洗是身体上的污垢

农民因为农事沾满草籽泥巴，技工因为修理机器满身油污，矿工为了挖煤满头满脸的黑烟，这些都不是肮脏。有些人视洗澡为畏途，一身的臊气，熏得周遭人闭气不迭，几欲作呕，才是真肮脏。保持身体的整齐清洁除了是卫生，也是社交的礼貌，不可不注意。

第四，不思考是心智上的污垢

我们知道智慧的来源要靠思想，《论语》说："学而不思则罔，思而不学则殆。"佛教也说有三种智慧：闻所成慧、思所成慧、修所成慧。《楞严经》记载，像观世音这么伟大的菩萨，也是"从闻思修入三摩地"。一个人如果长期不思考，脑筋会愈来愈迟钝，心智会渐趋蒙昧。因此要提醒自己时常思考，保持自己心灵的活水源头。

看到环境脏了，我们知道要去打扫干净，也不要忘了常常检点自己的身、心、灵，有没有沾染污垢。若无，则谨慎之、嘉勉之；若有，则应痛下决心，改过迁善。

人间佛教

什么是"人间佛教"?人间佛教不是新兴的名词,是将佛陀的言教落实在生活中的佛教。人间佛教是一个回归佛陀时代,实践佛陀解行并重的佛教。可以说,凡是"佛说的、人要的、善美的、清净的",都是人间佛教。又,佛教的五戒十善,六度四摄等大小乘佛教义理,也都是人间佛教。既然如此,为什么要特别强调"人间佛教"这个名词呢?盖因"人间佛教"是与时俱进,可以在生活中灵活运用的,如以下四点:

第一,以慈悲净化社会

我们这个社会太需要拔苦予乐的"慈悲"。对于别人的苦恼,有感同身受的切肤之痛,就容易生起慈悲。比如见到许多因鳏寡孤独、饥渴贫乏、昏心丧志而苦恼的人,我们能对他们布施金钱、饮食,或为他们讲说良言善语,帮助他们去迷解惑,获得生活的希望与力量。如果每一个人,都能布施慈悲心给社会,就能净化社会;能以慈悲欢喜净化国家,必定能建设慈悲的国家,这就是人间佛教的理想。

第二,以道德立身处世

我们在世界上立身处世,不是靠学问、靠能力,而是要有道德,尤其是不求名闻,不欲人知的广积阴德,才能吉星高照,福德随身。道德,不是用来要求别人,要求社会大众,而是用来要求自己的。如果每一个人都持守五戒,以五戒道德来立身处世,就是人间佛教的实践。

第三,以勤劳创建事业

一个人懈怠、不勤劳,不但不能享有荣华富贵,还会破财失利。好比农民要勤劳耕作,才会有丰实的收获;行人要到很远的地方,要迈开双脚,一步一步地勤走,才能到达目的地。所以"天下没有白吃的午餐",如果只顾悠闲地过日子,却要享有事业的繁荣,是不可能的。唯有负起对家庭的责任,对社会、国家的义务,勤劳创建事业,才能享有充实的人间佛教。

第四,以和谐沟通彼此

人间佛教重视彼此的尊重,群我的和谐,以互助、互谅、互相了解来共同营求生活。唯有和谐,人间才能沟通彼此,才能发挥生命共同体的吉祥安乐。

布施的层次

凡是良善者,无不希望给别人一些帮助,给别人一点施舍。但是布施也有原则,不能随便施舍,否则会产生反效果,或是增加别人的困扰,或是引起他人的反感。在《增一阿含经》里即说,不可以对无法生起信仰的人布施佛法,因为会引起他的嗔恨之心,犹如一个人患有痈疮,还没有痊愈,又拿刀子去刺伤,会使他更痛不可忍。所以,布施是有层次的。

第一,施舍真理是上等布施

佛教认为上等的布施,是给予心灵启发的"法施",这是人生最为欠缺的。因为一个人即使有再多的钱财,再高的地位,不能明理,不能安心自在,也是贫穷。真理是每一个人都需要的,假如能把真理布施给人,把知识、技术传授给人,则不仅能改善人们的生活,还能开发人们的智慧,以此利益更多的人,这就是上等的布施。

第二,急公好义是中等布施

当我们看到社会上诸多的不公平,应该勇敢地伸张正义。看到国家的公益团体、弱势团体生存困难,也应该给予赞助,助其发展,以发挥社会急公好义的精神,这是中等的布施。

第三,济贫救穷是下等布施

有一句话说:"救急不救穷。"对于一时的急难救济,犹如雪中送炭,会让急难困苦的人获得转圜的生机,是莫大的慈善因缘。但是,对于恒常的穷困,有时候是救济不了的,因为这种治标的慈善工作并不究竟。像佛光山曾经到泰国北部救济贫民,除了一开始给予食物、衣物的救急,后来更协助建设工厂,以提供就业机会代替金钱财物的布施,如此才逐渐解决贫穷的困境。

第四,施不甘愿是劣等布施

有的人出钱赞助公益,但是,布施之后,心里很苦恼、很懊悔;或是在别人强迫之下捐款,让他感到心不甘情不愿,犹如剥去身上的血肉骨髓那样的痛苦。这种不是发自内心欢喜的布施,是为劣等的布施。

大家可以衡量一下,自己平时的布施,是属于哪一种?

布施功德

佛教主张欲求福报,首先要布施。布施可分为资身用物的"财布施";以知识、技术、真理教化他人的"法布施";维护正义法理、让人无所畏惧的"无畏施"。布施的功德就如播种,将一粒种子播于泥土中,经过灌溉施肥,就能结出累累的果实,所谓"三宝门中福好修,一文施舍万文收;不信但看梁武帝,曾施一笠管山河"。就是布施功德的最好证明。有关布施的功德,有四点说明:

第一,施命能得长寿

长寿是世人共同的愿望,但即使是钱财富可敌国,也无法买到寿命;即使是位高权重的天子,也无能让寿命增长。人,要如何才能福寿增广呢?《佛说食施获五福报经》云:"施命者,寿命延长而不夭伤。""施命",是指不杀生,进而放生、护生。《譬喻经》里记载一位小沙弥救蚂蚁,因而得让自己寿命延长的果报。所谓"种瓜得瓜,种豆得豆",一个人要得长寿,不但要救济贫困,而且要慈心不杀;有了惜生、护生的因,自然能得长寿的果报。

第二,施色能得端正

施色,就是布施饮食让他人吃得很健康,不再面貌憔悴;布施衣物让他人很庄严,不再形体猥琐。《法苑珠林》云:"施色者,世世端正,颜色昕晔,人见欢喜。"我们布施衣服、饮食、医药等日用所需,让他人身强体健,颜容光鲜,不再受饥渴贫病等痛苦,将得暇满端正的果报。

第三,施安能得无惧

施安,就是让他人获得安稳的生活。例如对于风餐露宿的人,我布施房舍、卧具,让他不再流浪街头、饥寒交迫;你因台风、地震,失去家园,我布施居住场地,让你不再愁身危坐、沾体涂足;你因困顿厄事,坐起不安,我给予你心灵慰问,让你身心安详、没有恐惧,这种"施安"的功德,能让自己将来身心安稳、没有畏惧。

第四,施力能得胜利

施力,就是为人服务,给予他人助力,让他人的工作得以顺利完成。例如见人事业失败,自动给予鼓励,让他有东山再起的力量;见人踽踽不前,给予关心、慰问,让他不畏孤独,没有恐惧地勇敢向前。所以,施力者,将来必能获得胜利。

布施不一定要施钱,有时候为人说一句好话,能为他人带来不可思议的因缘;有时候只是几口饭的布施,却给他人带来生命的重生与希望;有时候一个不经意的微笑,也能给人带来温暖的感受,所以,布施的功德是无量的。

欲的认知

"欲",有杂染欲和善法欲之分,杂染欲是指内心不清净的贪念,如贪求五欲六尘等;善法欲是指向上的精进力,如希贤求圣、服务乡梓等。我们将"欲"分为八个层次:

第一,无欲谓之圣

一个没有欲念的人,他们对于衣食住行,只要能遮身充饥即能满足,如颜回,孔子见他生活窘困,故于路旁放一锭金,并写上:"天赐颜回一锭金",颜回看到黄金,丝毫也不动心,只是写下:"锭金不付命穷人"。便潇洒地走了。圣人因能知足,故能守节不被利欲所诱,所以无欲谓之圣。

第二,寡欲谓之贤

《佛遗教经》:"行少欲者,心则坦然无所忧畏",贤能之士,因其寡欲不多求,所以不与人争名求位,不为权势利益所惑,他们不屈于胁迫,不委身事恶,更不以自身的喜好,对事物作出不公的判决,所以寡欲者谓之贤。

第三,淡欲谓之士

何西畴:"士能寡欲,安于清淡,不为富贵所淫,则其视外物也轻,自然进退不失其正。"读书人,日常行谊不忘先贤之道,能以淡欲为治身之本,故能无执地面对世俗名利,因而处事舒泰安详、不骄矜做作,所以淡欲谓之士。

第四,离欲谓之僧

龙树菩萨说:"欲为苦本,众祸之源;败德危身,皆由此起。"世间的欲乐,皆为苦海轮回之本,如果能摒弃世间五欲的枷锁,远离一切贪爱的执着,断绝所有声色的追求,而进入心灵自在的境界,我们谓之为僧。

第五,贪欲谓之痴

众生每天劳累奔波,除了满足衣食住行所需之外,所谓"衣食足而思淫欲",甚至"财色名食睡"没有餍足。但是当人们得到了情感、权位、财富、美貌后,真的就会快乐吗?"欲海千层浪,苦海万重波",众生愚痴,看不到欲望如无底深渊,因此在欲海浮沉,因而在六道中无法跳脱。

第六,多欲谓之凡

历史上,许多功名场中之人、坐贾行商之流,为了求名求利,不惜曲躬谄媚,成为悖理忘义之徒;为了贪财贪色,泯灭道德良心,成为欲望的奴隶,就如朱文公所说:"欲之甚,则昏蔽而昧理义",所以多欲谓之凡。

第七,逐欲谓之邪

《韩非子》:"人有欲则计会乱,计会乱而有欲甚,有欲甚则邪心胜。"人一有了贪欲,就会想尽办法来满足自己,为了达到目的更会不择手段,因而生出种种的邪念,所以逐欲谓之邪。

第八,纵欲谓之狂

社会上,凡犯下杀业、偷盗、淫秽的罪刑犯,大都是因为纵欲所致。《大般若经》:"欲如利剑、欲如火聚、欲如毒器",如果放纵己欲,为所欲为,就会引发成为伤人的利剑、火聚、毒器,所以纵欲谓之狂。

修身要严,莫使造诸恶;修心要密,莫使生欲念。

求法之要

现今有许多人喜欢到寺院道场礼佛求福、听经闻法、参加法会、集会共修。既然发心来参与,如何才能真正得到利益?在此有四项要点,提供大家参考:

第一,以疑心而来,带信心而去

大部分的人因为"疑心"而接触佛法。对生命价值、人生意义、因缘果报、命运机缘等有疑问,促使他到寺院去求取解答。佛教不怕有疑问,所谓"大疑大悟,小疑小悟,不疑不悟",疑问正是开悟的契机。

带着疑问而来,听了经、闻了法之后,就要从疑心升华成信心,以信心替代疑心,不可固守己见,否则像一只倒覆的瓦盆,装不进任何宝藏,那就可惜了。

第二,以慕道而来,带悟道而归

有些人到寺院,是因为信仰佛法,或为瞻仰佛菩萨圣像,或是仰慕寺院道风,而来亲炙其采。

以慕道之心而来,对佛菩萨、寺院有孺慕之情,是得度的因缘。亲近寺院道场之后,要接受教导,要吸收佛法,才能在慕道的基础上,进一步体悟佛道,才能将佛法变成自己的东西,为自己所用,才能收到佛法的实际效益。

第三,以凡情而来,带法情而回

如果最初到寺院里面来,是以凡夫的心情,希望寺院道场的大众对你重视,对你礼遇,对你客气,这是凡情。以凡情而来是常人之情,但当你接受佛法的启示,提起信心道念之后,要一切以法为依归,带着法情、带着信心、获得启示而回,才能在生活中真正受用佛法。

第四,以客礼而来,带主礼而返

通常最初到寺院里面来上香礼拜,参加法会、共修活动时,都会觉得自己是客人、是来宾、是以执客礼的身份而来。

但是你在拜了佛,参加各项修持活动之后,不该再有做客的心情,而是要以道场寺院主人自居,应有"佛教是我的,寺院道场是我的"的心态,当仁不让地承当起护持道场、弘法利生的责任,这样才有意义。

佛教是无私的宗教,佛法是无私的法、是理性的法。拜佛、求佛绝不是迷信,而是心灵安定、精神层次提升的资粮。如果能抱持正确的心态,必定能得到更大的利益。

感应的真义

很多接触宗教的人,都希望他所信仰的宗教,能给予他感应。比如生意失败了,祈祷之后,情况改善了;生活不顺利,礼拜之后,顺利转好了。"感应"有时会显现,例如看到佛菩萨现身,有时是冥应,不一定显现,比方苦恼、气愤的时候,心中一念"大慈大悲观世音菩萨"生起,烦恼、嗔恨、无明就没有了,这也是感应。所谓"人有诚心,佛有感应",到底什么是感应的真义,有以下四点:

第一,从正见中认识感应

要感应,必须先有条件。比方鼓敲一下,就会有回应;钟一敲,就有回响,这就是感应。又例如天上的月亮只有一个,但只要有水,无论是一杯水、一盆水、一湖水,就会在水里面显现。可是如果你这水不清净,月亮也就显现不出来。所谓"菩萨清凉月,常游毕竟空;众生心垢净,菩提月现前"。感应不是用求的,在因缘和合下,不用求也会有感应,而没有感应的人,不能责怪天上没有月亮,该怪自己的心海不清净。因此,感应要用正见来认识。

第二,从礼敬中得到感应

信仰不是以物易物,不是用一串香蕉、两颗水果、三炷香祭拜,交换利益条件,就能获得感应。感应也不光只是祈求,所谓"精诚所至,金石为开",你必须虔诚礼敬、挚诚顶礼,真心从内心发心、发愿,才能与诸佛菩萨感应道交。

第三,从供养中体会感应

供养是一种善美的心意,它不只是物质的奉献给予,更重要的是我们身口意的供养。你身做好事,为人劳动、服务;口说好话,给人信心、希望;心香一瓣,祝福别人平安健康,只要诚心正意,这些美好的供养,自然会有感应,回报到你自己身上来。

第四,从慈悲中接触感应

所谓"种什么因,得什么果",你种了慈悲的因,当然得到慈悲的果。慈悲就是佛教讲的"无我",因为无我,所以愿意助人、奉献,感到"我对你好就是对我好""我帮助你就是帮助我",彼此融为一体,这怎能不产生爱心呢?有爱心、慈悲,就会有和平。这就是从慈悲中接触感应。

感应是天地万物、宇宙众生间的一种互动、呼应。人间到处都有感应,例如喝水可以止渴,吃饭可以饱腹,按下开关,电就来了……这些都是日常生活的感应。只要能够肯定自己是佛,依照佛陀的教法去做,怎么不会得到佛陀的感应呢?但是,在学佛历程上,如果凡事都要等佛祖来给我们感应,那也实在太辛苦了!因此,我们应该从以上四点来看感应的真义,以平常心视之,不强求或耽着留恋,才是正信之人。

朝山功德

朝山是佛教徒至名山大寺,以忏除业障或还愿的朝礼行为。很多人欢喜成群结队到山上寺院朝礼,少则百人,多则千人,队伍庄严威仪,让人身心都收摄起来。他们为了表达虔诚,有的三步一拜,有的一步一拜,有的一步三拜。其实,朝山也不一定指跪拜而已,你到寺院丛林来,一合掌、一问讯、一献花、一拈香,都能为心中带来宁静清凉,这也是朝山的意义功德。为什么有这么多人欢喜朝山呢?归纳有四点原因如下:

第一,广结善缘

平日大家各有家庭、事业、生活,各忙各的,没有集会,也没有什么往来。借由朝山活动,大家从四面八方集合在一起,你帮助我、我帮助你,你跟我微笑、我跟你点头,大家有共同的信念、共同的诚心,为求法而来,结下一分善美因缘。

第二,折服我慢

平常我们总是有所坚持,多少有些慢心,不愿轻易向人低头。但是在朝山时,不管几只眼睛盯着你,你还是五体投地地礼拜,这时候,我慢怎么会生起?我慢去除,世界宇宙还有什么容不下的呢?因此,人是拜下去了,心却谦卑起来、升华起来了。这时的礼拜、低头、问讯,与佛接触,身心自在与宽广,可以折服我慢,真正解脱烦恼。

第三,消除业障

修行,不外是"随缘消业,增进福慧",我们一个人,从过去到现在,心中的贪嗔愚痴、贡高我慢,积累了多少罪业、障碍,若不经一番身心磨炼,何能消除?所谓"礼佛一拜,罪灭河沙",借由朝山,身心合一,虔诚恭敬,最能启发清净心,让法水洗净我们污秽、疲惫的身心,就能获得自在清凉。

第四,增进信心

对宗教的信仰,有时候,光理解是不够的,必须从行持上,自己体验了、自己做到了,内心的感受就会不一样。朝山正可以增进信心、增上道念。好比我们从遥远的地方,一路走到圣地,如果途中经不起种种考验,如何能到达?因此朝山,正好是考验道心和毅力,增进信心、道念的方法。

朝山时,从山下慢慢拜到山上,内心会愈来愈升华;从外在慢慢拜到殿内,会从注重外在,转为注重心内;从黑暗慢慢拜向光明,会逐渐远离烦恼无明,趋向光明智慧。朝山是与佛接心,与佛交流往来,把自己当成佛,以佛的德行自我勉励,就能与佛相应。

敲打木鱼的意义

大家到寺院参访,经常会看到出家人敲打木鱼念经。很多人会赞美木鱼的声音好听,但更多人好奇:为什么要用木头做成鱼的形状,并且拿一只槌子敲打呢?其实它是有意义的,有四点如下:

第一,有精进的意义

我们看水里的鱼,不管游水或静止不动,它是不会闭上眼睛的。佛门以鱼的形象,来勉励大家在修行上,要像鱼一样精进不懈。甚至在鱼梆上会写着"生死事大,无常迅速;珍惜光阴,时不待人",提醒大家惜时惜阴、努力用功。精进,可以改造自己懈怠因循的毛病;精进,是勉励自己向上最实际的方法,也是开发潜能的不二法门。因此,我们无论做什么事,都要效法木鱼精进的精神。

第二,有警惕的意义

我们的心经常处在妄念里,幻想、乱想、白日梦,想一些不切实际的情境。这木鱼一敲,透过木鱼的声音,会给你有个警惕,可以把散乱的心、妄想的念头找回来,叫你不可以胡思乱想,不随便想入非非,所以,它有警惕的作用。不要小看那一槌,历史上很多禅师,在修行的过程中,有时候,一槌磬声、一记钟声、一棒鼓声、一槌木鱼,"笃"!就是在这么一个声音下,一个警惕作用,他就豁然大悟了。

第三,有统一的意义

在诵经时,你念、他念、我也念,你念得快、他念得慢,念得七零八落、参差不齐,不仅不好听,也会让诵经的人起心动念,不能专心。这时候,木鱼就有统一的作用,它可以把大家的声音结合起来,随着木鱼的节拍进行,一样的快慢,好像流水一样潺潺有声,也像潮水一样,一波一波、一涌一涌,那诵经的声音,就会悦耳好听,让人仿佛置身在另一个清凉境界,也令人息下许多杂念。

第四,有摄心的意义

我们的心很容易胡思乱想,随着境界起落、奔驰,真是所谓"心猿意马",像猿猴一样,跳动不停,一刻不能安住。如何把这颗动荡不停的心,给它安住在木鱼的声音上,让心不要往别处乱跑,这木鱼声就有摄心一处的作用,它会敲醒迷惑的众生,提起正念,远离是非烦恼。

寺院的功用

在中国,深山里藏有古刹丛林,城市里也有寺庙道场。有人说:"建那么多寺院有什么用呢?劳民伤财,不如把建寺院的钱拿来建学校。"一般人也以为寺院只是提供信徒集会、诵经、拜忏之用。其实寺院还有很多功用,以下列举六点:

第一,是善友来往的聚会所

寺院是一个地方的建设,是当地民间集会往来很好的聚会场所。它可以供给小区联谊、团体开会、喜庆婚丧,促进人与人之间的情感。亲朋好友见面、商量、谈话,彼此相互交流、帮助。

第二,是人生道路的加油站

在人生道路上,常常会有感到泄气颓唐的时候,假如你到寺院来,礼拜、问讯,得到诸佛菩萨的加持,内心会得到一种鼓舞、动力,好像驾车时,途中有了加油站,为你加足了汽油,你就可以继续往前开行,走向更远的人生旅途。

第三,是修养灵性的安乐所

寺院的教化,可以提高一个人的道德、灵性。你到了寺院,无论祭拜、打坐、念佛,或是聆听晨钟暮鼓、磬鱼梵唱,都是修养灵性的好方法。它可以带给人心灵上的净化、精神上的鼓舞、思想上的启发，对社会人心产生一股道德的自我约束力。

第四，是去除烦恼的清凉地

当你遇到心情烦闷、事业挫折，感到不顺遂的时候，一进入寺院，心里的愤恨不平、烦躁不安，甚至对世间的人事的不满、不解，都会因为礼拜、静坐、沉思，得到抚慰、力量和支持，烦恼会缓和下来，内心会感到清凉。

第五，是购买法宝的百货店

物质生活上的日常用品，可以到百货公司购买，精神生活上也需要很多的用品，这时候，就可以到寺院里请益法宝了。比如嗔恚起来的时候需要慈悲，无明懊恼的时候需要智慧，委屈失意的时候，需要忍耐奋起，纷乱失序的时候需要和谐宁静……寺院就是一个具足法宝的百货店。

第六，是悲智愿行的学习处

寺院是一个光明、希望的场所。你要学习观音菩萨的慈悲，文殊菩萨的智能，地藏菩萨的愿力，普贤菩萨的愿行，这里就是最好的地方。只要你走进寺院，从佛像的慈容里，能得到启发，从菩萨的教法里，能得到开解，如同黑暗遇到光明，让人获得信心与力量，重新出发。

此外，寺院可以给人挂单住宿，方便行商过旅；寺院殿堂、建筑、佛像雕刻、绘画等，让人见了心生宁静祥和，甚至它也像一所学校，是推广各种文教中心。有人说，社会需要医院、救济所，不必建太多寺院，出钱做慈善救济只是一时，能拯救肉身生命，济人燃眉之急，但是无法息灭贪嗔痴三毒；可是多建寺院，佛法的布施，造就社会教育普及，人心的教化，净化心灵，使人断除烦恼，这才是最究竟的慈善事业。

宗教人的共识

从事政治的，我们称他"政治人"；从事经济的，我们叫他"经济人"；而信仰宗教的人，我们就为他定名"宗教人"。不管是信仰哪一种宗教，都必须具备共识，才能算是一个宗教徒，才能称为宗教人。什么是"宗教人"的共识呢？以下四点：

第一，以慈悲济世为宗旨

既以"宗教人"自居就必须做到有慈悲心，要能救济世间，慈悲济世，慈悲可说是"宗教人"的宗旨。你看耶稣教的"博爱"，代众生受苦；观音菩萨"千处祈求千处应，苦海常作渡人舟"，这都是慈悲济世的精神。如果没有慈悲济世的胸怀，那就失去"宗教人"的立场了。

第二，以共享和平为目标

宗教能给予人间和平安定的力量。各宗教虽然信仰的教主、教义各有不同，但从事的工作，都是要让世界和平、众生得度，所有的人都能和平共处。一切的生命都是互相依附、同体共生，不是我打倒你、打倒别人，只有我自己成功就能生存。宗教人所要推动的，就是要让大家平等，建立人人有共生、共存的共识。

第三,以参与善事为方便

宗教人不要光是守着"我的宗教",这是自我的设限,自我的执着。只要是对世界和平、造福人群、提升人类心灵有益的善事,宗教人都可以与人为善,热心参与。好比现在世界上许多国家都有"宗教同盟""宗教促进委员会",联合所有宗教,相互尊重,异中求同,发挥更大的力量,净化人心,稳定社会。

第四,以发扬人性为努力

"宗教人"不但要发扬人性,还要发扬我们的天性、我们的道性、我们的佛性,也就是把我们所谓的"佛心人性"发挥出来。不但爱己、爱人、爱社会、爱国家,甚至爱十方世界一切众生,哪怕一个含灵动物,乃至为了保护一只鸟、一只兔子,都可以花多少代价付出。因为生命可贵,在我们的人性里,都应该受到的尊重。

无论任何宗教徒,发扬光明的行为,创造祥和的世界,这都是我们所共同努力的目标。

信仰

有信仰就有希望。信仰如手,能执取众宝;信仰如杖,能给人依靠;信仰如根,能长养善法;信仰如船,能得渡彼岸;信仰如力,能突破万难;信仰如财,能生出智慧。信仰带给人无穷的希望,信仰的好处有四点:

第一,能确定目标

有的人常常感到自己没有信心,不能确立心中的目标,这是因为他没有信仰。内心有信仰,信仰一种宗教,信仰一种理论,信仰某种主义,都可以让生活有个目标。好比泥水匠盖房子,用水把沙、石、水泥混凝在一起,筑砌成一栋坚固的大楼,有了信仰,可以融摄我们纷乱彷徨的心念,让自己活出自信,确定人生的目标。

第二,能解脱烦恼

人生旅途,总会遇到许多烦恼,有来自社会、家庭、感情、经济,以及身体的生老病死,心理的愚痴无明等等。世间上去除烦恼的方法很多,但不如佛法的信仰来得究竟。譬如从佛法中,我们知道贪嗔痴的烦恼,可以用戒定慧来对治;悭吝的人,教他行布施;受到挫折,灰心丧志,可以用因缘观来对治……对佛法不疑的信仰,好比病人相信医生的诊断,而能安心服药,药到病除。

第三,能美化生活

信仰能够影响一个人的生活态度。没有信仰,生活便没有立场,遇到问题,总是东问西问,甚至求神问卜,仍然拿不定主意。有信仰的人,对于困难、折磨,会认为是庄严人生的必备要件,是迈向成功的砺石,即使被人欺侮,也不会生起嗔恨心。因此,信仰使我们能笃定地生活,相信凡事总有办法解决,这样的生活自然欢喜美好。

第四,能安住身心

人生在世,找一个安身立命的地方很重要。读书的人,把身心安住在书本的知识上;做事业的人,把身心安顿在事业的发展上。虽然如此,但有时内心还会感到茫茫然,若有所失。假如有了信仰,内心就能安稳,好比信佛的人,把身心安住在观世音菩萨、阿弥陀佛的信仰上,身心一旦获得安住,遇到任何的困难也就不成为问题了。

一个人出门在外,天色黑了,不知将往何处去,这种无家可归,徘徊在十字街口的痛苦,是难以忍受的。信仰是人生的终极目标,没有信仰,生命就没有依靠,有了信仰,如同有个家,使生命有所依靠。

对治的方法

佛教《妙法莲华经》中的《药草喻》说:"一切草木所得不同,各各有所对治。小根小茎小枝小叶,对治也小;中上根对治也大,故名药草喻。"人亦如此,习气不同,对治的方法也不同。

"对治的方法"有四点建议:

第一,急躁之人可以舒缓

有一句歇后语说:"事急马行田——乱走。"急躁的性格,容易在危急的时刻乱了手脚。又如英国诗人赫伯特所说:"讨论的时候要冷静,激烈的争论,会使错误变成缺点,真理成为霸道。"所以时时提醒自己保持内心平静,才能看清事情的真相。

情绪急躁的人,平常可以借由打坐、抄经、观呼吸、打太极、听节奏舒缓的音乐等,以增强自我稳定情绪的能力。

第二,敏感之人可以熟思

敏感不一定不好,有的人因此更加善解人意,但也有人对于他人言行过度敏感,大惊小怪、怨天尤人,而陷入焦虑之中,造成人际关系的紧张,影响身心健康。敏感的人凡事应当谨慎思考再作回应,一旦误判别人的意思,不但扰乱自己的情绪,也恼怒他人。因此,应该努力克服,让自己和他人都能拥有好心境。

第三,懒惰之人可以勤快

英国诗人米尔顿说:"懒惰是世界最大的奢侈。"水不流动,就会发臭;刀子不磨,就要变钝;锅子不刷,则会生锈;人如果懒惰,脑筋就会变得迟钝。清朝时期,人民因为沉浸于鸦片,不事生产,造成全国工商业萧条。所以,懒惰实在罪恶,无以成事,唯有勤劳才能有所成就。

第四,无智之人可以礼敬

一个智慧不足的人,要多与善知识接触,礼敬善知识。善知识好比是我们呼吸的空气,一刻都不能缺少。《增一阿含·放牛品》说:"莫与恶知识,与愚共从事,当与善知识,智者而交通。若人本无恶,亲近于恶人,后必成恶因,恶名遍天下。"因此,借助善知识的力量,互相砥砺,能启发我们的智慧。

人有各种不同的习气,不良的习气若不予对治,久了可能还会为人所诟病。

对治之方

待人是一门学问,是一种艺术,待人之道就是:人之所欲,我从善如流;人之所恶,我避而不犯;人之所长,我虚心请教;人之所短,我容而化之。总之,待人之道就是要懂得权巧方便去因应,要有慈悲智慧去对治。关于对治的方法,有六点意见:

第一,人好刚,则我以柔胜之

与人相处,如果对方个性刚硬强烈,我也刚毅正直;硬碰硬的结果,只有两败俱伤。所以当对方气势高涨,态度强硬的时候,何妨"以柔胜之"。只要你和气、安忍,则"柔能克刚""能忍自安"。

第二,人用术,则我以诚感之

有的人好用权术、好使计谋,对于这种人,我们不能跟他一样用权使计,因为尔虞我诈的结果,不但伤神,而且伤感情,不妨以诚心对待,日久必能感动他。

第三,人使气,则我以理屈之

有的人好意气用事,动不动发脾气、动不动就生气。如果人使气,则我最好以理来屈服他,所谓"有理走遍天下",理必然胜于雄辩,有理才能站得住脚。

第四,人行妄,则我以真待之

有的人经常说话虚妄不实,行事狡诈欺骗。对于行为、言论都不真实的人,如果我也虚假以对,彼此就难以相交、相处了。所以尽管别人对我妄语相欺,我还是要以真诚对待他。所谓"真金不怕火炼",唯有真心待人,友情才能持久。

第五,人多恶,则我以恩对之

"多行不义必自毙",做人要常存好心、多行善事,才能增长福德。有的人对人常怀恶心,不怀好意,如果我也"以其人之道,还治其人之身",彼此就是半斤八两。因此尽管对方行恶,我要施恩于他;能够以善心待人,就是施人最大的恩惠。

第六,人喜变,则我以定处之

有的人做事如风向球,随风转动,变化不定。人喜变,则我以定处之,懂得以不变应万变,才不会乱了方寸。

人与人之间,只要你能以慈悲善待别人,一定能够得到善意的响应;只要彼此能多一点尊重、包容,社会必然呈现一片祥和,也就没有所谓人我纷争了。

学佛的正见

现在信佛、学佛的人很多,但是正知正见的人很少。假如没有正见,就好比目标看错了,方法用错了,一旦见解错误,就是信佛、学佛,还是很难得到利益。学佛的正见有四点:

第一,正见因缘果报

世界上,你可以什么都不信,但是不能不信因缘果报。所谓缘起,就是说明宇宙人生都是彼此相互关系的存在。万物的存在,就是一只小鸟、一只昆虫,也要有树木、花草、泥土做食物;一个人的存在,也需要士农工商供给生活所需,甚至人的身体,也是四大和合所成。所以,你懂得因缘,在世间做人,就要成就众生,成就好的因缘,不要破坏、嫉妒,你打倒别人,自己也不能独存。你懂得因果,就明白一切其来有自,就能自我负责。认识因缘果报,就能认识宇宙的真理,人生彼此相互的关系。

第二,正见善恶业力

能让我们的生命从过去到现在、从现在到未来,不会散失的,就是业力。业力好像念珠的线,把生生世世串连在一起。无论善恶,都有业力,所谓"善有善报,恶有恶报,不是不报,时辰未到",学佛修行不能不先把善恶业力认识清楚。你正见善恶业力,就会知道获得财富,要靠自己勤劳;受苦受难,也不要怨怪别人,不要怨天尤人,必定自己造业,所以有苦难的果报。你正见善恶业力,就会心无恐怖,承担自己的一切。

第三,正见无常苦空

在这世间,无常是真理,苦是实相,空是究竟的道理,但凡夫一听到苦、空、无常,就心生畏惧,以为无常是消极,苦就是一切,空是什么都没有。其实,空才能有。好比房子不空,如何住人?没有空地,如何起高楼?宇宙不空,森罗万象如何存在?眼耳鼻口毛孔没有空间,人就要死亡。所以,空不但是拥有,更是存在的意思,空,才能拥有万物。认识空,才能认识宇宙万有本来的面目。

第四,正见佛道永恒

你认识无常苦空,要求得永恒的生命,就要成就佛道,趋向涅槃。什么是佛道?无你、无我、无生死分隔的"超越观"是佛道;无自、无他、无怨亲对待的"慈悲观"是佛道;无彼、无此、无人我差别的"缘起观"是佛道;无私、无欲、无利害得失的"平等观"是佛道。体证佛道的人,没有老死,没有生灭,生命的光辉能臻于永恒。

有了正见的智慧,对于是非、善恶、真伪,才能做正确的思维判断,发诸于身口意才有正确的行为,而不至造下三涂之因,自然免受五趣轮回之苦。

《杂阿含经》卷二十八说:"假使有世间,正见增上者,虽复百千生,终不堕恶趣。"学佛正见的重要,由此可见。

何谓善知识？

我们一个人从小到大，经常需要别人的话来引导。好比最初幼儿园阶段会说："我妈妈说"；到了小学："我老师说"；中学的时候："我朋友说"；到了大学变成："我女朋友说""我男朋友说"；乃至进入职场，也有同事、主管、领导的指引等，可知别人对我们的影响很大。因此，佛教里说，选择"善知识"就很重要了。

善知识是指一个正直有德，能教导正道的人。他能够开导别人，可以开示别人，能可以带动他人的成就。成为善知识要具备哪些条件呢？有以下四点：

第一，要教导后学

每个人都可以是善知识，无论你是老师、父母、兄长、主管或朋友，作为善知识，必须自己先具备教导后学的能力。例如自己慈悲，才能教人慈悲柔软；自己布施，才能教人布施的真义；能够明理，才能导人走上正道。你可以先把自己教导后学的能力养成，就能做一个以身作则的善知识。

第二，要宣扬真理

真理能阻挡愚痴的邪风，真理是解脱烦恼的慈航。作为一位善知识,要能讲说真理给人明白,让人具足正见,去除迷惑。但宣扬真理时,也必须要有智慧巧妙,不能勉强而说,随意而说,能够符合时间、空间、心理,才能使真理让人明白了解。

第三,要随机演说

所谓"随机应变、观机逗教",作一个善知识,要能懂得观察根基。世间万物都有理和事两个层面,有的人只有讲理没有讲事,太抽象、太玄妙,不容易懂得;有的人只讲事,不说理,又不能深入,不能使人心领神会。最好"事"要"理"来作根据,讲"理"时,要有"事"来作比喻;能够对机演说,"事理圆融",才能为人所接受。

第四,要方便度化

要别人接受我们的意见,不能老是用责骂的方法,也不一定用教训的方式,或疾言厉色的态度,就能让别人跟随我们学习,接受我们的看法。你要有方便化度的慈悲与智慧,让他感到如沐春风,感到受到尊重,他的心地柔软了,自然能接受你的教化。

此外,身为善知识,你要给对方信心、希望,甚至也要让他服气你。像现在许多父母教导子女,子女不服气,不愿听话,老师教导学生,学生不想听话。他能听进到什么程度,大多是与他比较接近、比较有因缘的人。所以,善知识的方便善巧就很重要了。

随喜的功德

普贤菩萨有十个修行大愿,其中一个叫"随喜功德"。修行随喜功德,与礼敬诸佛、称赞如来、广修供养等有着同样的重要功德,我们随喜赞叹他人的成就好事,如同礼拜、念佛、诵经一样,都是了不起的修行功课。什么是随喜?别人出钱做公益,我多少帮一点忙;别人做了好事,我乐见其成;别人有成就,不起嫉妒的心,随口说些赞叹的好话;别人失意,不幸灾乐祸,随口说些鼓励的话。随口说些好话,随手做些好事,随心帮助他人,都是随喜。随喜有什么功德呢?

第一,如香遍满堂室

一个人靠化妆、洒香水得来的香气,仅是短暂的、局限的。我们经常养成随喜他人,所散发出来芬芳气质,就会充塞着所处的空间,让你周围的人都能闻到,亦如你赞美别人地赞美你、欢喜你。

第二,如炬普照十方

愿意赞美别人、随喜别人,喜欢显扬他人的善美,你的人格道德就会像光亮的火炬。肯随喜他人者,不障碍不为难他人的成就,不讽刺不打击他人的努力,这样的人格是世间的榜样,就如同太阳的光亮普照世间。

第三,如种一能收百

随喜他人,就像打回力球,你随喜他人多少功德,就有多少人回头来赞美你、随喜你的功德。就如同我们在山谷中大喊"你好",四面八方都回声对你喊"你好"。因此,愿意随喜他人功德者,所获得的善性循环,就如同种一而收百。

第四,如月映现千江

天上的月亮虽只有一个,但在地上只要有水之处,不管是江、海、河、湖、溪、井,甚至仅是小小的盆、碗、杯盏,月亮都会映现其中。我们肯随喜他人,清净品格的映现也如同这清凉月,随处映现,就如千江有水千江月。

普贤菩萨发随喜功德的愿,佛陀也常常赞美随喜的功德。随喜是最占便宜的修行法门,只要养成帮助他人的性格,随时给人欢喜、给人方便,就是很大的功德了。常人见他人有善喜,嫉妒容易随喜难,就是不知随喜有这么大的功德。提供以上随喜的四个好处,希望大家都拥有随喜的性格。

不净之因

衣着虽旧,洗得干净,穿起来仍令人舒坦自然;房舍虽老,窗明几净,住起来仍让人心旷神怡。女孩子,虽无闭月羞花之貌,将自己打理得整齐,仍可落落大方;家居,虽敝衣茅庐,无湖光山色,只要净洁,仍会让人犹处人间胜地。因此,无论居家、仪容,或是心地,只要清净,比华美更让人起欢喜心。即是如此,为什么还会有蓬头垢面、心地混浊的时候呢?提出四点:

第一,家居不净是因怠惰

舍宅不干净,最大原因在于主人怠惰,没有养成随时清理住处的习惯。桌椅任它自摆放,门窗任它自蒙尘,盆栽任它自生灭,厨房锅碗瓢盆,用完不顺手收拾,或招引蟑螂或老鼠同居,如何能有清净的家居?因此,居家要清净,一定要以勤劳代替怠惰。

第二,容色不净是因疏懒

古代的人,媳妇清早起来,没有梳妆,不能出来见公婆;男子没有正衣冠,就不出现外人面前,这些规矩,是礼貌,也是自重。现代许多人,由于疏懒,邋邋遢遢地就出现他人面前,男士不刮胡须,不修边幅,女士板着一张脸,披头散发,不仅未具礼仪,也显得没精神。因此，若想留给他人容色光鲜的好印象，就要改进疏懒的毛病。

第三，施舍不净是因悭贪

布施是去除贪念的最好方法。然而布施得不到功德，是因为布施的心理不清净。你希求别人感谢报答而行布施，为了得到好名声而行施，或是求好果报而行施，这样有条件的布施，还是出自悭贪。最如法的布施，是无相布施，没有施者、没有施物、未见受者，能做到无相布施，才是真正清净的布施。

第四，修行不净是因放逸

有些人念一辈子的佛，拨断数条念珠，也无法达到一心不乱；有人参了一辈子的禅，坐破数个蒲团，也未能得到参禅三昧。原因何在？心中杂念、妄想太多了。一般人以为，形体上的放松懈怠是放逸，其实修行人，你放任自己妄想纷飞、心猿意马，更是大放逸。因此，修行要清净、得力，一定要改掉放逸的习气。

瞋恚的过患

所谓"一念瞋心起,八万障门开",在佛教里,把瞋恨心比喻成火,瞋恨之火能烧功德之林;瞋恨也如同刀和剑,能伤害我们的慧命。在《法苑珠林》里,记载瞋恚的过患有六点:

第一,因瞋恚而失善法

《佛遗教经》说:"瞋恨之害,则破诸善法,坏好名闻,今生后世,人不喜见。"本来做好事,是善法,但因怀着瞋恨心,就不是善法了。例如布施是好事,但是如果不欢喜地说:"给你,拿去!"如此"不食嗟来食"的态度,让布施的功德一下子就丧失了。

第二,因瞋恚而堕恶道

瞋心之害过于猛火,如提婆达多虽然也很认真地修道,不过他太沽名钓誉,嫉妒佛陀的威德,对佛陀怀着不平、瞋恨之心,甚至不择手段要陷害佛陀,因此犯了五逆重罪,招感堕入地狱之苦果。

第三,因瞋恚而造恶口

当瞋恨心生起时,我们往往忘记自己的修养,也不顾自己的风度,如汽车抛锚了,大骂汽车气死人;咒骂车船误时,怨怪饭菜不合口味;对自己所爱的亲戚朋友反言相讥,甚至把看病救命的医师也都告到法院去;可见我们内心一有气愤,首先犯下的就是口业。

第四,因瞋恨而丧法乐

瞋恨之心令我们丧失理智,如过去有一个高中男孩,期待在他毕业典礼那天,能收到父亲给他的毕业礼物一辆新车,但是回到家,只见父亲手里拿着一本《圣经》,这男孩怒气充塞心中,二话不说掉头就走。离家30年,直到父亲的丧礼才回来,他赫然发现父亲所有的爱心包括购车的支票,就夹在《圣经》里面,青年后悔万分,却已无补于事。一念瞋恨心,义理人情都不顾,当然更享受不到那份美好喜乐了。

第五,因瞋恨而窃善心

有道是"爱之欲其生,恶之欲其死"。平时相爱的夫妻,一旦生气的时候,反目成仇,恨不得他早一点死。当一个人瞋恨心生起时,他就没有了世界,没有了朋友,没有了亲人,没有了自己。所以瞋恨就像盗贼一样,会窃取善心,让我们失去一切。

第六,因瞋恨而遭祸患

今天的社会,有时候会因为你用不好的眼色看人一眼,别人就会捅你一刀,给你一拳。也会因为瞋恨,随便骂别人几句,而引来报复等各种祸患。

古德云:"向前三步想一想,退后三步思一思,瞋心起时要思量,熄下怒火最吉祥。"如果想要消灭内心瞋恨的火焰,必须用慈悲的法水让它柔软,否则只有让瞋恨之火烧身,让瞋恨之气压榨。

何谓禅？

佛教常常鼓励人要参禅，其实"禅"并非佛教所专有，禅是每一个人的心。我们每个人都有一颗心，当然也就应该每一个人都有"禅"。"何谓禅"？有四点说明：

第一，搬柴运水是禅

禅不是"眼观鼻，鼻观心"，禅不是只在蒲团上打坐，不是所谓的"老僧入定"才叫作参禅。禅是在生活作务中，举凡搬柴运水、劳动服务，当下就是禅。你能够从劳动服务里，把工作的巧妙做出来，把工作的意义体会出来，把工作的耐烦培养出来，这就是禅，所以搬柴运水都是禅。

第二，行住坐卧是禅

禅是静坐，禅也是活动。有时候参禅打坐是禅，经行跑香也是禅，甚至吃饭睡觉，都可以参禅。每天在衣食住行、行住坐卧之中，能够把心安住在当下，不为外境所动；能够不动心，生活里就有禅。所以，穿衣是禅、吃饭是禅，能够把心安住在禅的生活里，所谓"平常一样窗前月，才有梅花便不同"。生活中有了禅，生活的味道就不一样了。

第三,方便灵巧是禅

禅不是刻板的,不是呆坐的,禅不是墨守成规。禅是活泼,是幽默,是方便,是灵巧;有方便、有灵巧才是禅。像过去古代的禅师大德,他们扬眉瞬目、举手投足都是禅,甚至于一言一行、一思一想无非中道,一草一木、一沙一石无非禅心。所以,只要我们有了禅心,再看世界、看自然、看万象,一切都充满了禅机,充满了妙趣。

第四,逆来顺受就是禅

在我们的生活里面,不是顺境,就是逆境。对于顺境、逆境,如果都能保有一颗"如如不动"的心,其实那个就是禅。你能把如如不动的心,用在纷纭扰攘的现实生活里吗?能够的话,那你就是懂得禅了。

禅是什么?禅是修行,禅也是生活。能够从生活中体会禅悦法喜的修行,才是真修行,这也是人间佛教所提倡的修行。

处事禅心

有人的地方就有事,有事必然有是非,是非虽然起于人我,但只要我们懂得照顾好自己的心,就不会被是非所困扰。所以处事要有禅心,要懂得以有限的生命来追求无限的永恒,不要在小小的人我是非上计较,浪费了大好的人生。处事的禅心,有四点:

第一,横逆来时,要能不怨不尤

人生的际遇,难保一生都是一帆风顺。当遭逢逆境的时候,我们怎么办?要不怨不尤。所谓"明白因果,就不怨天;了解自己,就不尤人"。但是,有一些人只要稍有不如意的事,就上怨天、下怨地,内怨父母眷属,外怨朋友师长。怨天尤人显示自己脆弱无能,所以一个有修养、有能力的人,遇到横逆的困境时,绝不怨天尤人,怨天尤人只会更加坏事。

第二,病苦来时,要能不惊不怖

人吃五谷杂粮长大,生病是难免的。但是一般人都害怕生病,所谓"英雄只怕病来磨",佛教讲"修行人要带三分病",有时身体上有小小的病痛,反而能增长道心,成为学佛的增上缘,重要的是心理要健康。所以当病苦来时,要能正见身体是四大五蕴和合而有,能够如《般若心经》所说："照见五蕴皆空"，自能度一切苦厄，自能不惊不怖，自能远离颠倒梦想，自能解脱自在。

第三，讥谤来时，要能不辩不苦

俗云："不遭人嫉是庸才"，在婆婆世界里，大凡有所作为的人，难免都会遭到讥讽毁谤，即使佛陀也曾受到提婆达多的迫害，耶稣也曾被弟子出卖。所以当我们被人诋毁、中伤的时候，要紧的是不辩解、不为所苦。所谓"是非止于智者"，只要自己行得正、站得直，尽管别人如何嘲讽讥谤，那是他自己心中是牛屎，只要你是智者，必能不为所动。

第四，荣宠来时，要能不骄不慢

人生最大的失败是骄慢，骄慢必生祸。因此当一个人受到极度荣宠的时候，千万不可恃宠而骄，因为世间事往往祸福相倚，当成功时也可能暗藏失败的阴影，因此不但要"胜而不骄"，而且要"遇荣宠事，置之以让"；懂得"宠甚而思以慎"，则位自固。所以做人要懂得虚怀，要如大地之谦卑，才能承载万物，才能成就万事。

每个人内心都有一样比黄金钻石更宝贵的东西，那就是人人本具的佛性。佛性，用比较浅显易懂的字眼表达就是"禅心"；用禅心安顿顺逆境界，自能时时自在。

何谓禅心？

每个人都有一颗心，善美的心有好心、善心、慈心、慧心、道心等。除此之外，我们应该进而要有"禅心"。何谓禅心？有四点意义：

第一，你我一体的心叫作禅心

人，所以会有纷争，就是因为"你""我"的关系不协调。如果将人与人互换立场，彼此将心比心，甚至把"你"和"我"看成是一体，"你""我"的关系是荣辱与共、休戚相关，是同甘共苦、不分彼此，即所谓"无我相，无人相，无众生相，无寿者相"，如此就不会有人我的纠纷与不满了，所以，"你我一体"的心叫作禅心。

第二，有无一如的心叫作禅心

世间上，有的人凡事求多、求好、求拥有；但也有的人刻意远离名利，躲到深山里隐居。为什么？因为他要体会"无"的世界，在"无"的里面感受无名、无利的逍遥自在。但是，真正的菩萨道，虽不执着"有"，但也不要太躲避世界上的"有"，而刻意去寻找"无"。我们应该做到即使"拥有"，但不执着，而且能随缘随喜地洒脱自在，这就是"有无一如"的禅心了。

第三,包容一致的心叫做禅心

心,是宇宙,心,是虚空。世间上,任何东西都包含在虚空里,虚空没有嫌弃渺小者,所以虚空很大。俗语说:"气度盖人,方能容人;气度盖世,方能容世;气度盖天地,方能容天地。"我们能够包容异己的言论、包容不同的国家、包容不同种族的人,如此才能扩大自己的心胸。一个人如果有开阔的人生观,必能开展涵容天地的成就,所以,"包容一致"的心叫作禅心。

第四,普利一切的心叫作禅心

我们对父母孝顺,这是天经地义的孝心,对儿女的关心,这也是理所当然的慈心。但是,我们要更扩大对一切有情的爱,如清朝李毓秀原著,贾存仁改编的《弟子规》所说:"泛爱众,而亲仁"。能以孝顺父母、慈爱儿女的心,来关心天下的一切众生,如此对众生的付出自然无悭吝、无计较;能以众生之乐为乐,以众生之苦为苦,如此不但能长养心量,更能提高自己的慈悲心。所以,"普利一切"的心叫作禅心。禅是自我的训练,时时观照念头,假以时日,内在的世界宽广了,自然能放下人我是非。

禅的譬喻

自古以来,谈禅者众,但许多人并不能完全了解其中的真义,以为"禅"是外相上要"如如不动",心念上要"万念不生",甚至有人参禅参得如槁木死灰般,以为那样才叫作"禅"。其实"禅"就是我们的心,禅很美,禅很真,禅很善,禅是无限,禅是自然。以下四点看法:

第一,禅,有如山泉清流

你认识禅吗?禅像山林里潺潺山泉,又像涓涓溪流,它浑然天成,不假造作,它自然而流,不带勉强。世人皆说流水无情,流水真是无情吗?禅家却云:"溪声尽是广长舌。"你看,淙淙清泉,山穷水尽处,它百转千折,却随缘安然,任运逍遥;它澄澈见底,而甘纯清净,可以涤人俗虑。

第二,禅,有如银雪洁白

雪,富有晶莹的特性,雪,给人洁净的感觉。禅,像银白的雪一样清净,没有杂染;禅就是这样,没有歪曲、掩饰。

第三,禅,有如圆月光明

禅如天上圆月,光明却不锋芒,柔和却不矫情。它遍照山河,没有偏私;它展现圆满,没有隐藏。

第四,禅,有如空山寂静

唐朝诗人王维《鹿柴》诗云:"空山不见人,但闻人语响,返影入深林,复照青苔上。"禅就像这样。

空山寂静,好像大地不存在了,树木草花,却蕴含无限生机;不见一人,但听而不听、不听而听;声而无声、无声而声,"大音希声"却充塞其中,那就是禅。

《佛光菜根谭》云:"有禅,就像有花朵,能芬芳香郁;有禅,就像有山水,能美化环境;有禅,就像有油盐,能增加百味;有禅,就像有阳光,能照古鉴今。"禅是什么?一幅山水画,放在客厅里,就能增添客厅美好的气氛;煮菜的时候,放一点油、加一点盐,就能让食物变得美味;一盆美丽的花朵,放在窗台上,就能在烦乱的生活中,让人赏心悦目。

我们做人、说话、做事也要学习有一点禅味。过去许多画家、诗人,甚至现代的航天员,上太空前,都要去学禅,为什么?就是要在禅里面,能安身立命。

禅是什么?其实就是你自己,就是你的心。

禅机

一般人在日常生活里,几乎都是被别人牵着鼻子走,失去了自主性。因为别人一句话,左右了自己的喜怒,哪里有自我?因为别人一个眼神,影响着自己的情绪,哪里能自在?甚至久远以前的一句话,为何老在心中"过"不去?那就是因为生活中没有禅。

有了禅,可以把我们的烦恼妄想止于无形;一句难堪的言语、一个尴尬的动作、一段不悦的往事,在禅的洒脱、幽默、勘破、逍遥之中,一切都会烟消云散。因此,如何让生活中充满禅机,有四点:

第一,应对要讲禅话

有的人不管走到哪里,都像一阵春风,能让沉寂的大地复苏,能让冷漠的心灵活络。

究其原因,主要是因为他讲话幽默、机智、风趣,能够带给人欢喜、信心、希望,这就是禅话。因此,我们和人应对,除了注重应有的礼貌以外,还要讲一些禅话,也就是讲一点慈悲的语言,讲一点给人欢喜的语言,讲一点真、善、美的语言,千万不要让自己讲出来的话粗俗不堪,那就不是禅话了。

第二,来往要听禅音

有一些人闲来无事,专门好打听别人的隐私、好传是非、好听一些闲言碎语,让自己成为是非之人,实在可惜。其实世间诸法,都是对待之法,如来去、上下、有无、生灭、大小、内外、善恶、好坏等。我们妄心,终日就在这些对待法上起种种分别,时而这样,时而那般。若能心不随意转,则"只手之声",皆美妙无比,这就是禅音。

第三,工作要做禅事

人每天少不了要工作,工作就是要做事情,我们要做什么事情呢?要做禅事!诸如有利于国家、社会、大众的事情,就叫作禅事;乃至禅门里,"搬柴运水无非是禅";吃饭、睡觉也都是禅。只要能自利利他、自觉觉人、自度度人的事情,都是禅事。

第四,修行要用禅心

人,应该要有宗教信仰,有信仰才有目标,有信仰心中才有主。不过更重要的,每个人都要有自己的修行。如何修行?就是要有一颗禅心。禅心就是包容的心,禅心就是平等的心,禅心就是感恩的心,禅心就是自我要求、自我惭愧的心。一个人能用禅心去体会世间人生,将我们的菩提心、般若心、禅心参究出来,人生才会更加美好。

禅,没有形式,没有语言,更没有文字,其中奥妙不便说破,端看个人心领神会,心心相印。但只要一心参禅,必可净化人心,找到自我。

禅观的世界

佛教讲"十法界",人有人的世界,天人有天人的世界,地狱、饿鬼、畜生也有地狱、饿鬼、畜生的世界。不但"六凡四圣"各有各的世界,甚至同样是人,每一个人的世界都不一样。有的人眼里只有金钱,他就把自己安住在金钱的世界里;有的人心中只有爱情,爱情就是他的世界;有的人生命中只有功名利禄,所以一生都在功名利禄的世界里奔波忙碌。其实,客观的世界都一样,只是各人的心境不同,读书人有读书人的世界,禅者也有他的禅观世界。"禅观的世界"是什么样的境界呢?有四点说明:

第一,是刹那的,也是永恒的

在禅观的世界里,刹那不算短,劫波不是长。所谓"一念三千",刹那之间的一念,具足了三千大千世界,一刹那之间就是无量阿僧祇劫,就是永恒。因为在禅者的世界,泯灭了大小、有无、长短、远近、你我、自他的对待,在禅者的世界里,一即一切,他把法界一切都融会贯通了,因此刹那即是永恒。

第二,是渺小的,也是伟大的

"一花一世界,一叶一如来",在禅观的世界里,一花一叶、一沙一石,都是无边的法界。所谓"须弥纳芥子,芥子藏须弥",一般人认为渺小的芥子都能藏须弥,所以禅者的世界里,是渺小的,也是伟大的。

第三,是烦恼的,也是菩提的

一般人认为烦恼是烦恼,菩提是菩提,其实"烦恼即菩提",没有烦恼,便没有菩提可得。就如还没有成熟的菠萝、柿子,很酸、很涩;但是经过风吹日晒,以及霜雪雨露的滋润,当它成熟以后再吃,好甜!甜从那里来?就是从酸、涩而来。所以,是烦恼的,也是菩提的,菩提不是有另外的别处可求,只要我们把烦恼一转,就如同转酸涩为甜蜜一样,烦恼自然可以化为菩提。

第四,是生死的,也是涅槃的

生死是人生的实相,有生必然有死。一般人害怕谈死,其实死并不可怕,因为真正的生命是不死的,死亡朽坏的只是身体,我们的真如自性、法身慧命没有生死。所以,禅者的境界里,生命是永恒不死的,永远在涅槃里,永远如如不动,这才是真实的生命。

禅,是超越对待的,是平等一如的,在禅者的见闻觉知里,没有长短,没有大小,没有净秽,没有生灭。

禅的真理

真理有普遍的、必然的特性,真理是每个人希求的目标。禅者就是追求真理的人,禅师因为体证到真理,领悟到自家的本来面目,认清生命真实的世界,所以能洒脱自在。禅的真理是什么?

第一,大中有小,小中有大

一般来说,大中有小,可以理解,但小中有大,怎么可能呢?人的脑袋很小,但许多人学富五车、读破万卷书,这些都在脑子里。有智慧的人,可以从一粒小沙子,看到整个世界;佛教的"一念三千",一个念头,就包含了三千大千世界;华严宗的"因陀罗"境界,每个世界远近大小,都是光光相照,彼此辉映,就是你中有我,我中有你,小中有大,大中有小。

第二,同中有异,异中有同

同与不同,看似两边,其实是彼此相容的,好比同样是军人,分为陆海空各种兵种,共同保护国家;禅者在同中容许有异,在异中容许有同,彼此尊重,相依共存。《宏智禅师广录》里写道:"同中有异,功亡就位;异中有同,在位借功。"虽然方法、技巧各有不同,只要彼此在理想、目标上一致,就能"异中求同,同中存异",彼此相互成就。

第三,动中有静,静中有动

有的人能动不能静,有的人能静不能动。禅者的训练是"静中磨炼,动中养成"、"静如处子,动如脱兔",在动的时候,身忙心不忙,在寂静的时候,心中仍然具有热诚。动与静的配合,好像"云以山为体,山以云为衣"的境界,又如宋儒程颢说:"动亦定,静亦定,无将迎,无内外",在静中有活泼的举止,在动中有宁静的力量。所以人生要能动能静,动静一如,动中有静,静中有动。

第四,空中有有,有中有空

"空",好像是一无所有,但虚空却能包罗万象。其实,要空才能有,空掉"迷"的执着,才能装得下"悟"的真理。好比茶杯空了才能装水,皮包空了才能放钱,乃至鼻子呼吸,耳朵闻声,嘴巴嚼物,肠胃纳食,不都是"空"了才能"有"吗?禅的世界,是真空不碍妙有,妙有不碍真空,空中有有,有中有空。

禅的修行

修行有各种法门,有人欢喜念佛修净,有人专心持咒修密,有人则好打坐参禅。尤其在现代社会,禅的修行更引起普遍的重视与欢迎,它除了帮助我们消除烦恼、安顿身心、开发潜能等种种功用外,主要参禅有四点意义:

第一,肯定自我

所谓"丈夫自有冲天志,不向如来行处行",一个禅师,他不依圣言量,不拾人牙慧;他直指本心、见性成佛。他是一种"心行处灭、言语道断",泯除一切世俗名言框架的潇洒自在,是一种"任凭天崩地裂,且奈我何"的自我肯定。

第二,坐断乾坤

禅的修行就是要把山河大地、乾坤宇宙都放在自我的心中,把自己融到无限的时空里去。他把将迁流动荡的身心与虚妄不实的外境,全都消溶了,所谓"乾坤容我静,名利任人忙",把无碍的本心,跨越到无尽的虚空中,不再为世间、名利、人我所束缚。

第三,大死一番

禅能够让我们从烦恼里解脱,从生死里超越。所谓"世事纷纷如闪电,悲欢离合多劳虑",人活在滚滚红尘里,难免要面对种种人事、身心上的纷扰折磨;一个参禅者为了勘破无明、成就道业,能够经得起烦恼的烈火焚烧与人事的千锤百炼,必能在思想上、观念上大死一番。

第四,方便权巧

参禅的人要有方便、要有善巧。所谓法无定法,能随机应变才是大用。一休和尚的"做女婿",权巧挽救一条自杀的生命;仙崖禅师大喊"快来看,杀人了",巧妙化解一场激烈的争吵。懂得禅的方便权巧,懂得禅的运用高妙,自然能泯灭一切尘埃,流露无限慈悲,无限禅机。

禅的修行不是"三冬无暖气,枯木倚寒崖",也不在"眼观鼻、鼻观心"而已。有了禅,就不会斤斤计较于五欲尘劳;有了禅,生活就可以充满生命力。禅不是佛祖的,禅是每一个人的;禅也不一定打坐,行住坐卧都可以修禅。先学禅,要有静的时间,人忙心不忙,事多心不烦,每天有10分钟沉静的修养,自然懂得功用。

禅者的风范

现在的社会,一般人都希望在忙乱的生活里,能有禅的修养。禅,可以帮助人宁静致远;禅,可以帮助人明心见性;禅,可以稳定心灵,让人不受外境影响,任何时刻平静安详;禅,可以增加勇气,让人提起希望信心,拥有再出发的力量。然而,一位禅者的风范是什么样子呢?以下四点供参考:

第一,自食其力维持生活

一个禅者,他不是要靠人家来养他,不是靠人家来维护他,他有独立的性格,独立的生活原则。所以过去的禅者,他不贪图利益供养,他自耕自食,一钱、两钱就可以维持生命。好比,百丈怀海禅师"一日不做,一日不食",普愿禅师在南泉山挑水煮饭三十年,很多禅师都在弯腰劈砍、直身挑担之间开悟了;而现代禅者,也要有一份正当的工作、务实本分,不懒惰、不依赖,从自食其力的生活中,成就修行的道粮。

第二,不宣说自我的成就

有很多人自我标榜、自我宣传、自我夸张,这都不是禅者的风范。真正的禅者,处事沉稳低调,纵然在禅修上有所体悟,有所慧解,有所成就,他也不肯告诉你。例如沩山灵佑禅师不肯告诉香严智闲禅师"什么是父母未生前的本来面目",智闲开悟后,沐浴焚香,感谢灵佑禅师的不说破。所谓"如人饮水,冷暖自知",禅,是自己去心领神会的,而不是宣说自我成就的。

第三,修福修慧感恩知足

一个禅者,他不是空洞的证悟,或是自了自足就完成修行了。在他的生活里,还是重视修福修慧,对世间成就他的修行因缘,感恩知足。因此,他扩大自我,行佛之所行,做佛之所做,发愿回向一切,日子也就过得其乐融融。

第四,重视师承树立家风

从佛陀"拈花"、大迦叶尊者"微笑"开始,禅就代代相传至今。一个禅者,他非常重视老师的传承,因为他的禅法都是从老师那里得到传承,从老师学到身教,学习家风的树立;所谓"一日为师,终身为父",禅者不忘根本,因此维护法脉绵延数千年。

"一日修来一日功,一日不修一日空",禅者将生活简单化、单纯化,所以从言谈举止,可以感受他的禅风道气,流露的真心、真情、真实、真义,是会感动人的。

卷二　心的管理

最好的管理就是自我管理,
所谓"心治则身治,身治则一切皆治"。
让自己心中有时间观念,空间层次,
做事原则,情绪管理以及大众的利益,
心地才能够慈悲柔和。

心的管理(一)

管理学是一门学问,所谓人事管理、财务管理、企业管理等,这些管理都还容易,但心的管理就困难了。因为心有太多种,善心、恶心、好心、坏心、信心、疑心、贪心、嗔心、痴心等等,所谓"佛说一切法,为治一切心;若无一切心,何用一切法"。能够把自己的心管理好,这才是最重要的管理。如何管理,以下四点提供:

第一,用舍心来管理贪心

《大智度论》:"有利益我者生贪欲,违逆我者生嗔恚,此结缚不从智生,从狂惑生,故是名为痴,为一切烦恼之根本"。贪得无厌、自私自利之人,不但障碍修行,也不得人缘。如果能转贪心为喜舍心,广结善缘,舍掉自己的分别执着、贪爱束缚,将欢喜、方便、希望布施予人,自然无所挂碍,获得自在。所以,人的贪取心能减少一分,喜舍心便能增长一分,则福报就会不求自生,因此"有舍必有得"。

第二,用慈心来管理嗔心

有的人嗔心一起,则口出恶言,大动干戈,甚至残杀生命,如此一来,智慧没了,理性被蒙蔽,不仅恼害众生,也障蔽本自清净的佛性。所谓"嗔心能烧诸善根",为人处事,要能但从柔处不从刚,但从慈心不嗔恨。调伏嗔恼,以慈心来管理,不但能对治自己的嗔心,也能化解他人的嗔心,达到冤亲平等,问题也才能解决。

第三,用智心来管理痴心

所谓"愚痴无明生众苦",愚痴乃人生大病,是对世间认识错误,对因果颠倒看法,没有通达事理的智慧,使人纵欲逐世,闻善生厌,是我们起惑造业、轮回生死之本。因此,佛教以般若智慧来引导愚痴,懂得观察因缘,痴心则减少,头脑自然冷静理智,条理清楚,处理事情才能圆满顺利。

第四,用虚心来管理慢心

与人相处,自恃聪明而骄傲自满,这是我慢心;自己事事不如人,却不愿向他人请益、学习,甚而暗地毁谤对方,这是卑劣慢。有位哲人说:"宇宙只有五尺高,六尺之躯的人要生活其中,必须低头才能顺利。"我慢的高墙不仅隔绝自己的视野,也交不到朋友。若以虚怀若谷之心待人,反而更显高贵,别人也会更肯定我们的成就,与我们来往接触。

其实,最好的管理就是自我管理,所谓"心治则身治,身治则一切皆治"。将自己的心先管理好,让自己心中有时间观念,空间层次,做事原则,情绪管理以及大众的利益,心地才能够慈悲柔和,将自己的心管理得人我一如,才是最高的管理。

心的管理(二)

没有修心,没有养心,我们经常任由自己的心在那里造业、妄动、为非作歹,就像猿猴,跳跃奔驰不已;又像脱缰的野马,顽劣不羁,难以调伏。心好比一座工厂,需要制度管理;心也像流水,所谓"心如水之源,源清则流清",水也要治理,否则容易泛滥成灾。心不管理,最大的受害者是自己,要如何进一步来管理我们的心,以下四点提供:

第一,用信心来管理疑心

所谓"狐疑不信""疑心生暗鬼",一个人心生怀疑时,经常会胡乱猜测,信以为真,不但自己惴惴不安,混淆知见,徒增困惑烦恼,对别人也容易生起疑心、顾虑,因此错怪别人、误会别人。其实这全是心理作用。心中坦荡的人,不会无谓猜忌,信心清净的人,不会乱起无明,所以对人、对事、对己要能明理、要起信心,用信心来管理疑心。

第二,用净心来管理秽心

家里尘埃遍布,要打扫清洁,住起来才会心旷神怡;环境器皿肮脏了,要拂拭清洗,才能焕然一新。我们的心染污时,要如何清理呢？世间的水，只能清洗身体上的污浊，内心的尘垢，就算跳进圣河，也无法去除，只有靠法水才能净化。何谓清净的法水？例如受持净戒、深信因果、慈悲喜舍、惭愧感恩、不起贪嗔痴心等，并且落实在生活之中，心灵才能净化。

第三，用定心来管理乱心

一潭水，你丢入大石头，就会变得混浊污秽、动荡不安。我们的心也像一潭水，经常被烦恼无明打乱，所以要透过定的功夫，来整理散乱的心思。心湖平静了，就容易看清事情的真相，才能理智思考原委，很多问题、症结，就可以豁然贯通，迎刃而解。

第四，用真心来管理妄心

常言道"细水长流""日久见人心"，为人处世也是一样。你待人虚情假意，说话不真、用心不实，想要获得别人的信任，实在难矣。你以真心待人，让人感到你的诚恳实在，自然别人对你产生信赖，进而卸除猜疑、戒备，视你为知心朋友，而乐意与你往来。

佛教里说人心有八万四千烦恼，佛法也有八万四千法门来管理这个心。我们先把自己的心管理好，做人才会好，进而事情也才能处理好。

发心

在社会上,我们经常怕被人家看不起,感到许多不公平;在团体里,也会想:"怎么故意埋没我这个人才?怎么长官不提升我?同事们没有拥护我?"没有被提拔重用,当然有好多原因。不过只要一个人肯发心,会给人肯定的。你发心奉献,发心服务,发心勤劳,发心待人好等,就会有许多功德,以下四点:

第一,时间会给我们成就

你在一个机关团体努力够久,时间就会给你成就的。就是倒茶扫地,一服务10年、20年,领导必定会注意你、肯定你,大家喝过你泡的茶,也必定会尊重你、感谢你。问题是我们肯花10年、20年的时间吗?所谓日久见人心,交朋友,你不可能三五天就认识;做事也不能只做三个月、五个月就跳槽。因此,只要做得久,做出心得,时间会成就我们。

第二,历史会给我们肯定

日子一天一天过,历史也是一天一天成就的。我做人做事,从过去到现在,只要我发心,历史不会不给我肯定的。就像有人为国家当兵服役多年,政府不会不给他退伍费;一个老师在某个学校服务数十年,也不会没有退休养老金。所以,只要有历史,人家会给我们肯定。

第三,后辈会给我们尊重

一个人到团体里 3 年、5 年、10 年,而你已经待了 30 年,他一定敬重你是老前辈。有一位日本僧人到中国参学,看到天童寺一位老和尚在大太阳下晒香菇,问他负责什么工作,老和尚回答:"典座。""多久了?""60 年。"日本僧人一听,不禁肃然起敬。老年的经验阅历丰富,只要你做人好,老成持重,你的发心会让后辈尊重。

第四,大众会给我们定位

一般人总以为不得领导的缘,就灰心丧志,其实只要你做得好,你有了贡献,领导不喜欢你没关系,大众会喜欢你。所谓"因缘具足,龙天推出",他们看到你的发心,会推选你,会给你定位。但假如你没有能力,领导私心提拔你,大家也不认定、不服气。因此我们想要有成就,要靠自己发心、贡献。

做人做事不要不耐烦,以为 3 年、5 年这么久了,没有受到重视,是大家辜负你。凡事要讲求时间因缘,就像腌酱菜的时间不够,自然不好吃,等到腌透了,就会可口。只要你发心,耐得住烦,必定会有成就。

运心

工厂机器运转顺畅,产量就会提高;交通物资运输流畅,经济就会活络。运用双手灵巧做事的人,我们赞美他"双手万能";运动场上,田赛径赛俱佳的人,我们说他是"十项全能"。人都有一颗心,要怎么运,才能开发我的心,增加它的价值,发挥潜能呢?有四个方法:

第一,改革来自决心

国家社会要改革,当政者要有决心;公司机关要突破,执行者也要有决心。甚至我们自己也有很多的恶习,很多的不健全,所谓"积习难改",要改革也要有决心。决心让人坚持到底,不致半途而废;决心让人突破困难,才能重获新机,只要下定决心,它正是从改革推向成功的力量。

第二,创造来自用心

1816年,勒内克医生散步时,看见孩子们贴在树枝的一端,倾听另一端大头针的敲击声,因而发明听诊器,将诊断的医术向前推动一大步;1946年,在微波实验室工作的伯西史宾塞,因口袋里的巧克力棒融化,发明了微波炉,大大影响现代人的生活饮食习惯。

创造是本来没有的,我可以"无中生有";"建设"是本来不好的,我可以把它重新创造得更好。如何好法？用心观察。

第三,教育来自爱心

孔子说:"活到老,学不了。"除了家庭教育、学校教育,现在企业鼓励在职进修、政府民间开办社区大学,甚至你到哪个机关服务,也是要再学习。可以说无论什么地方,什么年龄,都是在受教育。在教育的当中,无论是教者,无论是受教者,彼此要爱心相待,因为爱心让人产生信心,爱心让人感到温暖;在教育中,你珍惜我能教你,我珍惜你要教我,彼此共同成就一段学习的因缘。

第四,服务来自发心

现在很多的事业叫"服务业",主要以服务的真诚赢得消费者的青睐。许多人欢喜当义工,他不求待遇,也是以服务的精神,发挥生命的热力。社会的光明、善良、可爱,就因为人类具有这种服务的性格。服务的精神来自发心,内心开发,就有能源,内心开发,就有力量,如同开发土地,土地就能长东西,你开发了内心,就有力量服务。

有运,就能创造;有运,才有希望;有运,才会更新;有运,就有力量。运思成文,才有千古传唱的佳作;运筹帷幄,才有决胜千里的成功。所谓"户枢不蠹,流水不腐";天行健,所以自强不息;常运心,生命可以不朽。

驭心

有时候,常听到有人埋怨,怪别人不肯听自己的话,其实,最不听话的是我们自己。我们的心,今天要求这样,明天希望那样,总是翻来覆去,心猿意马。你能把自己的心好好地驾驭、掌握吗?在此提供"驭心"的六种法门:

第一,闹时练心

古云:"静中静非真静,动处静得来,才是性天之真境。"心要能在喧嚣吵闹的情境中,保持住本心的平静,这才是真功夫。古来祖师大德,在劳作中打透禅关,维摩大士弘法于红尘里;庞蕴居士一家人悟道于俗务中;身居高位的斐休、杨亿在官场中一面运筹帷幄,一面参禅学佛。这些都是"热闹场中做道场"练心、修心的典范。

第二,静时养心

三国诸葛亮说:"宁静以致远。"想要达成远大的目标和成就,需先让自己的心沉静下来。我们都有一颗虚妄的心,常在乱念中起无明,滋生迷思,尤其在情绪低落时,容易生气,逞意气,造成无法弥补的后果,宛如汹涌的浪潮掀翻船只。佛经云:"静念投于乱念里,乱心全入静心中。"纷乱的心回归平静时,正是摒除外物妄心拨弄,独坐观照,善护自心的时刻。

第三,闲时守心

忙碌的现代人,大多羡慕出尘隐士没有世事的忙碌和人情的困扰,过着闲云野鹤、逍遥自在的生活。其实悠闲时,如果不能摄心守意,缺乏定力正念,反而容易心生闷慌。古语云:"山中剩有闲生活,心不闲时居更难。"所谓"闲生活",指的是我们要能适时将尘世俗务放下,人我是非放下,过往恩仇放下,困扰执着放下。因为守得住心,才能享有真正的悠闲自在。

第四,坐时验心

有谓"坐破蒲团不用功,何时及第悟心空?"一个人光在形式上修行,尽做表面功夫,而不用心修持,即使把蒲团坐破了,依然不能入道。参禅不是打坐,念佛也非靠口念,而是要清楚检视个己的起心动念。在人生的舞台上,不管我们在哪一个阶层工作,主角也好,幕僚也好,都要守本分,能负责,配合整个大团体的运作,在自己的工作岗位上,尽力而为,因缘具足,必定会有收获的。

第五,言时当心

佛教里要人戒除的十恶当中,口犯的两舌、恶口、妄言、绮语就占了四项,可见口业的过失,比身心造业还来得快、来得多,切勿逞一时口舌之快,造罪惹祸。在日常生活中,言语是我们人际和谐、事业成败的关键,"爱语如春风,恶语如秽器"。希望大家都能以如春风般的话语扬起众生信心的风帆,以甘霖般的话语温润众生干涸的方寸,以阳光般的话语照破众生的爱见无明,以净水般的话语涤尽众生的五欲尘劳。

第六,动时制心

《菜根谭》云:"不可乘喜而轻诺,不可因醉而生嗔,不可乘快而多事,不可因倦而鲜终。"人在情绪起伏的时候,很容易感情用事,判断错误,而事后招致悔悟。人心浮动,就像水面泛起阵阵涟漪,不能如实映照景物,看到别人华厦轿车,便嫌自己屋子简陋、车子破旧,甚至铤而走险,作奸犯科,让自己陷入罪恶的深渊,无法自拔。我们在动荡的情境时,要摄心保持正念,清清楚楚地知道自己的心思举止,不能任凭妄心浮动,如此才能做到以静制动的境界。

古语云:"心如平原走马,易放难收。"我们的心就像脱缰野马,到处奔窜,如何能安定下来呢?请参考以上驭心的六种法门。

疗心

人在四大不调时,身体就有病;遇到不如意的事,心里就有病。身体上的不适,还有医生为我们治病;但是心里生病了,要怎么治疗呢?尤其心理上"损人不利己"的毛病,社会上随处可见。看到别人跌倒了,哈哈大笑;看到人家吃亏了,不但不帮助,甚至还幸灾乐祸;喜欢讲话损人、故意刁难人等等。如何治疗这种毛病呢?

第一,要与人为善

三国时刘备告诫儿子:"勿以恶小而为之,勿以善小而不为。"每一件善行,都是一个让我们上进、学习的机会。凡是好事,不论事小、事大,抱着"与人为善"的精神,自能皆大欢喜,广结善缘。因此,肯与人为善的人,拥有更多的机会;肯与人为善的人,容易获得成功。

第二,要遇事随喜

随喜是一种心意的净化,是光明的生命态度。你做好事,我随喜助成,你成功了,我随喜赞叹。虽然我做不到,或者我没有参与,但它的功德与亲自去做是一样的。因此遇事随喜,不但可以给人欢喜,自身也可获得利益。利人又利己,随喜的世界,无限美好。

第三,要生活随缘

随缘不是随波逐流,而是珍惜当下,随遇而安;随缘也不是随便行事,而是立场互易,随顺环境。随缘让我们认识因缘,所作所为,不能只想到自己,更不能刻意对人不利;随缘让我们心如大地,承载世间的人事物,不比较不计较。生活随缘,少欲少求,身心定能自在。

第四,要方便服务

对于朋友、亲戚、同事,甚至邻居,我们要给予大家一种方便,给予大家一些服务。例如路不好,我们协助把路修好;环境不干净,我们把环保做好;乃至有人想成就事业,发生困难,我们助他一臂之力,不但对自己无损,还可以对别人有利。只要我们发心为人服务、提供方便,这"损人不利己"的毛病,自然就能治好。

我们常说:"心病还需心药医。"心生病了,最根本的治疗,还是在于自我内心的健全。

看心

人平日会看人、看事、看物、看山河大地、看日月星辰,甚至看自己的手脚,却看不到自己的心。俗话说:"世有百千闲日月,人无一点好身心。"世间尽管有多少闲适的岁月,但是人实在很难保住清净自在的身心。如何看好心呢?有四点意见提供大家参考:

第一,常内观以定心

我们的心念犹如猿猴跳跃,也像瀑布湍流,念念不停;前念决定的事,后念又幡然反悔;前念生出善意,后念又升起傲慢,若不小心守护,就会在烦恼的五欲爱河中翻滚浮沉,在六道之中生死轮回不已。"心"好比大地,需要被开发,透过内观照护自己的心念,将内在的能源和静定的力量开发出来,必能让心地绽放般若的花朵,结出菩提的果实。

第二,研经教以澄心

佛教不同于其他宗教的地方,在于佛教非常注重慧解,强调信仰要建立在理智上,而不是一味教人"信"而已。然而,从过去以来,多数佛教徒只重视拜佛诵经,祈求福禄,不但不能提升层次,而且有碍佛教发展,实在可惜。研习经教,尤其可以采取读书会的方式,彼此切磋,互相勉励,将佛法落实生活,利己利人,才能达到解行并重的目的。经过深研和思维的教理,才能成为自心澄湛的法宝。

第三,去贪嗔以净心

古人云:"饮宴之乐多,不是好人家;声华之习胜,不是好士子;名位之念重,不是好臣士。"贪爱的习性,使我们的心终日攀缘外境,产生许多痛苦。又谓:"一念嗔心起,百万障门开",社会上常看到,有因一言不合而各奔西东,或一句不顺心的话语而大动干戈,乃至一个不经意白眼,招来杀身之祸,这些都是嗔心炽盛带来的不幸与灾难,戒除贪爱与嗔恚实在重要。因此我们要发心调整自我的习气,进而净化自己的心灵,除去贪嗔的过患。

第四,明古训以警心

有云:"读书不见圣贤,如铅椠佣。"读书的真正目的,不是像"誊录生"一般,只是寻章摘句,而在于体会古代先贤的言行,将它的精神内化为自己的人文素养。因此,我们拜读古德书文、名家格言、伟人传记、先贤训词,要懂得深思、明白其精神要旨,并时时警惕自己效法学习,如此便能庶几无过,日益进步。

身心的活动,深深影响着我们生活的苦乐、内心的净染,如何正确认识和导正身心活动方向,"看心"的法门,可以作为我们修正的参考。

平常心

什么是平常心？有一次，有源律师问大珠慧海禅师："和尚修道还用功否？"禅师答道："用功。"有源问："怎么用功？"大珠慧海说："饥来食，困来眠。"有源又说："所有的人都如此，怎么算是用功呢？"大珠慧海回答："那不一样，他们吃饭时不肯好好地吃，百般思索；睡觉时不肯好好地睡，千般计较，所以不同啊！"

如何有平常心？

第一，得财不喜是平常心

人之性，在有所得；老年得子，贫时得宝，寒时得衣，饥时得食，都喜不自胜。有所得不禁欢喜，此乃人之常情，但是有修养的人，"不以物喜，不以己悲"，钱财有无，在他看来不是很重要，所以得之不喜，失之不忧，这就是平常心。

第二，失利不忧是平常心

世间上，好事不常有，难堪事则经常发生。有的人生意经营不善，失利了；股票崩盘，失利了；甚至某些大公司也会倒闭。失利时，有人想不开，烦恼忧虑，有人看不开，情绪失常。所以佛法讲"有日要思无日时"，得财固然是好事，失利也是常事，何必太计较？

只要有信心,一切都可以再来,这就是平常心。

第三,享誉不骄是平常心

人在无所得时,尚能保持一颗平常心,一旦享有荣耀名位时,就不容易有平常心了。例如体育竞赛,胜不骄,败不馁,就是平常心;创业时,享誉不骄,受辱不计,就是平常心。历史上,韩信不计较"胯下之辱",所以能成就大事,这就是平常心。

第四,受谤不恼是平常心

一个人受到别人的毁谤,叫他不气恼,非常不容易。尤其感觉委屈冤枉时,更如火上加油,心生嗔念,甚至与人拼得你死我活,不肯罢休。假如受谤时,能自我反省,有则改之,无则加勉;被人冤枉了,心想这是为自己做一警惕,不怀嗔恨,仍能如如不动,那就是平常心。

有了平常心,有所得时就不会过分贪求;有所失也不会过分烦恼;有了荣耀,看成是大家的成就;受到毁谤,反而觉得受到了教益。能以平常心处世,人生何处不春风?

用心

佛子修行要有道心,学生读书要能专心,成人做事要能真心。心,好比一座宝山,蕴藏无比丰富的资源,只要用心开采,就能取之不尽,用之不竭。只是,日常之中到底要如何"用心"呢?有四点建议:

第一,用善心为法

世间一切森罗万象皆称为"法",法有善、恶,就看我们取什么样的法。《七佛通诫偈》云:"诸恶莫作,众善奉行,自净其意,是诸佛教";古德作"功过格",日日自我反省;童子军日行一善,作为实践的方向;我们又怎能妄自菲薄?因此,我们要发起善心,鼓励安慰,给人信心;点头问好,给人欢喜;随口功德,给人希望;举手之劳,给人方便,这都是用心可做的善事。养成习惯,内外一如,必定能为生活带来无限的和乐光明。

第二,用律心为戒

校规、法律是来自外在的约束,属于他律;佛教的戒律,是发自内心的自我要求,属于自律。戒律如交通规则,即使平坦如高速公路,如果不遵守,随时有发生车祸的危险。同样的,在人生旅途上,如果不持戒，随时会有犯过招祸的可能。因此能在行为举止上，遵守戒律，就能维护身心清净，不违过失；能在待人处世上，守戒自律，就能不侵犯他人，自他和谐，人生才能幸福平安。

第三，用道心为体

道心是修持的根本，好比树有了根，枝叶才能茂盛；有了道念，才能超越世间，不被纷扰所惑；有了信愿，才能超越升华，不被烦恼所转。道心更是发起菩提心的动力，是在心甘情愿，牺牲小我中，扩大自己；在无私奉献，服务利行中，培养道德情操。以慈悲、忠诚、发心、承担的精神服务团体、结缘大众，必能自利利人，自他成就。

第四，用仁心为用

仁就是慈悲，慈悲是净化的情、升华的爱，是无私而智慧的布施、奉献和服务，是不求回报成就对方。有仁慈心的人，处处为人着想，时时护念众生。古代高僧大德，如智严躬处疠坊、高庵看病如己，不舍一人；甚至像智舜割耳救鸡、僧群护鸭绝饮，悲悯苍生疾苦的精神泽及傍生，不但为时人所崇仰尊敬，也为后人立下仁慈心的楷模。只要每个人多用一点心，这世间会更净化，人间会更美好；让我们一同用心。

如何用心

日常之中,读书要用心,做事要用心,做人也要用心,无论做什么都要用心。所谓"用心",到底要用什么心?有四点看法:

第一,用无贪的心,逍遥于天地之间

人有贪心,难免"为物所役",因而自我束缚、自我限制、自我缩小,不得自在。反之,超然物外的人,可以逍遥于天地之中,享受清风明月,何等洒脱自在。所以,做人不要戚戚于贫贱,不要汲汲于富贵,能够不忮不求,才能随缘放旷。

第二,用柔软的心,待人于情理之内

做人要有情有义,做事要合情合理,所谓国法之前,也要兼顾情理。世间一切都不能脱离情理,人我之间如果不能恰如其分、合乎情理,就会产生烦恼。所以,做人不能太耿直,更不能太严苛,能够保有一颗柔软的心,待人于情理之内,对人多一些包容、多留一些回旋的空间,世间就会更温馨,更有人情味。

第三,用体谅的心,化物于无住之境

做人要有体谅的心,要经常设身处地为别人着想,人际关系才会和谐。一个人如果凡事只站在自己的立场,完全不去体谅别人,很容易和人产生对立,如此对方就会成为我们的障碍。所以,做人不要经常跟人划清界线、壁垒分明,甚至敌对起来。《金刚经》讲:"无我相,无人相,无众生相,无寿者相。"能有体谅的心,就可化物于无住之境,则"无住"反而"无所不住",到处都可以安身立命。

第四,用精进的心,应用于为学之道

一部汽车,尽管零件、性能再好,如果没有加油,缺乏动能,它就无法上路;一个人资质再优秀,如果不肯精进用功,终究一事无成。精进是成功的动力,不管为学、创业,都要勤劳精进,不可懈怠偷懒;就如登山爬坡,必须不断勉力向前,才能到达峰顶。

佛教讲,学佛最高的境界是"无心";但是,在世俗的生活里,为人处事还是要处处用心。

用心学习

现在社会提倡"终生学习",学习是一辈子的事,学习也是自己人生的课题。平常除了父母、学校、社会所施予我们的身教、言教及境教以外,其实真正的学习还是要靠自己。如果自己不争气、不用心学习,即使聘请再高明的老师、专家来指导,也是学不成。所以,如何"用心学习"? 有四点意见:

第一,眼要看、口要问

学习的时候,眼睛要专注地看着老师、课本、教材等目标,才能加深印象。甚至"读万卷书,行万里路",出外旅行参学,更要懂得用眼睛去看;要能看出各地的历史、地理、风俗、文化,才不会枉费草鞋钱。但是,有时候自己看也不一定能看得懂,这时就必须开口去问,所谓"学问、学问",学而不问,则不懂的永远还是不懂,所以要"不耻下问",才能进步。

第二,心要用、耳要听

心是一个人的主宰,不管学习什么,用心最重要;如果心不在焉,再好的知识也灌注不到你的脑海里,自然无法和你的心灵相应。因此,"心要用",加上"耳要听";耳朵听闻是学习的一大利器,佛经说："此方真教体,清净在音闻。"娑婆世界的众生耳根最利,一个人即使在黑暗的地方,或是一墙之隔,都能听闻得到对方讲话,所以人应该善用耳根,好好闻思修。

第三,手要写、脚要行

读书要会分析、归纳、演绎,要随手做笔记。一本书读过以后,如果能写读书心得最好,不然至少要把一些格言、佳句动手记下来,事后不断地"温故知新",才能日有进步。乃至听讲演,更要随手记笔记;记录下来,不断复习,才是你的。

现代人都是习惯存到录音机,或是存到计算机里面,就不再运用,如此记得再多,也没有用。所以"手要写",甚至"脚要行",对于不懂的,要勤于跑图书馆查阅,或是到处寻师学道;能够不畏千里奔波之苦,才是学习应有的态度。

第四,意要勤、念要明

为学首先要意志坚定,要有毅力、恒心,能经"十年寒窗无人问"的辛苦,才有"一举成名天下知"的成就。因此心意要勤劳、要追求、要探讨、要研究、要揣摩;并且念头要分明,对于自己的心念,要念念分明。在佛教里,谈到修行,所谓念佛要念念分明,参禅要观照分明;念头一明,则如水清鱼现,何愁智慧不开、学业无成?

所以,学习,要懂得方法,懂得用心,才能事半功倍。

用心不同

做人、做事要用心,但是每个人的用心各有不同,例如有的人一心想要发财,有的人专心读书,有的人全心创业,有的人用心公益。因为各人的人生目标不同,所以自然有别。"用心不同"举出四点说明:

第一,操作股票者,用心注视下一秒

股市的变化,瞬息万变,分秒之间有涨有跌,涨幅、跌停的波动,对持股人的利益关系重大,所以玩股票的人,莫不分秒注意股市的行情变化。有的人外出办事,或是出门旅游,仍然不时打电话询问,甚至随身携带计算机,随时随地掌握信息,所以操作股票者,用心于下一秒。

第二,热衷权力者,用心注视下一步

有的人喜欢掌权,有权就有力量,有权就有利益,权力可以说人人争取。但是权力的杀伤力也很大,当你大权在握,别人也在一旁冷眼观看着你。如果你的权力行使不当,别人就会以此来攻讦你、打击你。或是你以权力压人,也会招怨树敌,所以权力愈大的人,愈要谨言慎行,要时时用心注视下一步,以免在权力的峰头栽了跟斗。

第三,参加选举者,用心注视下一次

选举是民主政治的象征,选举的结果往往是"几家欢乐几家愁"。例如台湾经常选举省市议员、县议员、乡民代表、市长、县长等。各种选举过后,有的人高票当选,有的人以很小差距落选。选举有胜有败,这是必然的结果,所以参加选举的人不能只看一次胜负。这一次幸运当选,如果不能善尽职责,下一次人民可能就不再给你机会了;如果这一次不幸败北,只要你有能力,你有诚心想要为民服务,也许下一次就能东山再起。所以,选举不能只看一次的成败,应该用心注视下一次,要用政绩来说服选民。

第四,关心人类者,用心注视下一代

"长江后浪推前浪,一代新人换旧人",人类大我生命的延续,就是靠着代代子孙的相继繁衍,才能生生不息。所以,我们现在要关心整个社会、地球、人类的未来,就要用心注视下一代,要好好关心他们、教育他们,留给他们好的模范。甚至如环保人士一再呼吁,地球只有一个,我们应该重视环保工作,不要破坏生态,才能留给下一代一个健康的生活环境,这就是我们留给下一代最宝贵的资源。

心是人的主宰,每个人的用心不同,从中也可以看出其人的胸怀与成就。

修养身心

我们的衣服坏了,要修补修补;我们的房子漏了,也要修补修补;我们的身心有了毛病,更要修补修补。身心怎样修补呢?就是平时要有修养。关于修养身心之道,有四点意见:

第一,要保身如玉

人,都喜欢清洁的东西。衣服很干净,穿起来才舒服;饭菜很清爽,吃起来才健康;环境很卫生,生活起来才愉快。一个人的身体要守身如玉,才会受人敬重,所谓"守身如玉",就是没有瑕疵,比方说,不打人、不杀生、不偷盗、不邪淫,这都是修身。

第二,要守口如瓶

所谓"病从口入,祸从口出"。平常我们的嘴巴,往往因为好说话而招惹了好多的麻烦;很多的灾难、祸患,也都是因为讲话不当而引发。因此,不当说的话不可以说,说出来的话都要让人能接受,让人能欢喜;不欢喜,你说了,总会有很多的不良后果,所以要守口如瓶。

第三,要防意如贼

王阳明说:"破山中之贼易,破心中之贼难。"佛经里譬喻,我们的身体就像一个村庄,里面住了六个盗贼——眼、耳、鼻、舌、身、心;心就是这些土匪的首领,它带领着我们的眼、耳、鼻、舌、身专做坏事,扰乱了我们的生活,让我们终日不得安宁。所以,我们要想平静过生活,就必须慎防"心意"这个盗贼,不使他犯上、作乱。

第四,要嫉恶如仇

佛经说,身、口、意三业是造作的主人翁,他们可以行善,也可以为恶;而三业所作是善是恶,往往在一念之间。我们要杜绝、防患身口意造业,就是自己要有一把智慧的利剑,要视罪恶如寇仇,才能把罪恶斩断。

再谈平常心

经典形容我们的心犹如瀑流,念念相续,又如波涛汹涌,上下起伏,实在难以维持一颗平静、平常的心。什么是平常心?是一种心境,它"不以物喜,不以己悲",不为环境的变化而喜忧;平常心,是一种境界,慧能大师云:"本来无一物,何处惹尘埃",它超脱物外、超越自我。这里再谈四种平常心:

第一,为善不执是平常心

无论付出、行善,你有了执着,就会有所挂碍;有了执着,就会有所期待。当期待落空,不免失望,甚至反而恼怒不安,内心就无法平静了。

如果能够行善施恩于人,无求回馈,不执于心,体达"三轮体空",无施者、受者以及无施物的清净平等心,就是平常心。

第二,老死不惧是平常心

生死轮回是宇宙运转的常道,人总难免生病,面临衰老,甚至死亡的来到,能够心无惧怕、意不颠倒、无所挂碍、安然自在,所谓:"死是生的开始,生是死的准备;生也未尝生,死也未尝死。"这就叫平常心。

第三，吃亏不计是平常心

有句话说："学习吃亏能养德。"有时吃点亏，并不是坏事，你从吃亏中，可以积累人生的经验，从吃亏中，可以学会处世的退让。尤其人与人相处，难免有所不公与亏欠。能够在吃亏时不计较、不比较，这就是平常心。

第四，逆境不烦是平常心

所谓"月无日日圆，人无日日顺"。当我们遇到忤逆的境界，要能看清忧虑，放下忧虑，不随烦恼起舞，泰然处之。好比竞赛的时候，总想战胜对手，其实要战胜对手，要先战胜自己，战胜自己就是不为环境所扰，不为杂念所困，不为顺逆所动，忘掉对手，忘掉胜负，以自然的心态对待，这便是平常心。"人若无求，心自无事；心若无求，人自平安"。其实，"平常心"，就是日常用事中无取、无舍、无骄、无求、无执着的心境。

所谓"最平常事最神奇，说出悬空人不知，好笑纷纷求道者，意中疑是又疑非"。前偈无非揭示平常心即是道，道即在平常生活中。

发心难

工厂里,要开发新的产品;商场上,要开发新的市场。我们的心,也像工厂一样,需要开发,才能把心里的宝藏挖掘出来。每个人的心里,都有无限的宝藏,也就是我们的佛性,如果不开发,佛性就不能显现出来。所以佛教讲发心,"发"是开发,"心"就是我们的心田。开发我们的心田,是很辛苦、很困难的事。"发心难"有四件事:

第一,学道容易入道难

无论做学问或是信仰宗教,要深入学问的精髓,以及信仰的真实义理,是不容易的。西谚有云:"读书易,思索难。"倘若一个人虽读万卷书、虽拜千万佛,但书中的圣人之道,经中的真理教义,却没有深入地了解,则读书与信仰,都是没有意义的表相罢了。所以,我们学习任何一件事物,都要深入内涵、明解义理,如此才是"入道",所以学道容易,入道难。

第二,入道容易守道难

"入道"之后,要将所学的理论活用,把所读的义理实践,让日常的言行举止与之相应,生活的点点滴滴奉行不忘,时时刻刻守住所学之道，这就不是一件容易的事了，所以，入道容易守道难。

第三，守道容易悟道难

即使能守道，也能日日按时做自己的功课，但是要在生活中以经典之义，善于思维，从中明白佛陀的教法，并且将教法奉行在日常作息之中，从中开悟，这就不是一件容易的事了，所以，守道容易悟道难。

第四，悟道容易发心难

有的人悟道了，却选择到深山里闭关，他不管世间之事，也不发心弘扬佛法，更不发心广度众生，维摩诘居士曾批评此类小乘行者为焦芽败种；佛陀也曾呵斥过二乘的弟子为自了汉，所以，悟道之后，要发大乘菩萨的菩提心，是不容易的。

修学佛法，第一个先决条件是要发心，发心才有动力。比方说施舍，发心才肯施舍；要精进，发心才有精进力；持戒，发心才会持戒，不发心什么都难达成。

宗教徒的心胸

一个人有了宗教信仰,他的内心就会有力量,他的生命就可以扩大升华。那么,身为一个宗教徒,除基本信仰以外,应该具备怎样的观念和心胸呢?以下有四点建议:

第一,对社会大众要视如亲人

宗教信仰的目的,不只是让自己得到解脱,获得快乐,更进一步能将大众视为一体,爱人如己。假如每个宗教徒都能发挥爱心,将一切众生视如自己的兄弟姊妹,如《四十二章经》里所说的:"老者如母,长者如姊,少者如妹,稚者如子",社会必定更加和谐,人际必然更加友爱。

第二,对作恶坏人要视如病子

在这个社会上,有好人也有坏人,当然好人占了大多数,但坏人也为数不少,对于这些为非作歹、尽做坏事的人,杀了吗?不能解决问题;不管吗?更不能解决问题。那么应该如何看待?视如病子。就像我们对待生病的孩子,会多付出一份爱心,因为以暴不能止恶,唯有以爱才能化解。所以佛经上说:"以慈止怨,以忍息争。"宗教徒对待社会上的坏人,更要多布施一分爱心,才能感化他们,让他们去恶向善。

第三,对异教门徒要视如朋友

世界上存有各种不同的宗教,当然就有和我不同信仰的异教徒。对于异教徒,我们要以"他不是我的仇敌,而是我的朋友"的心情来相处。好比每个人对文学的喜好不同,有的人喜欢诗歌,有的人喜欢散文,有的人喜欢学术,有的人喜欢童话,虽然有各种差异,但终归喜好文学。同样的,虽有种种不同的信仰,但大家一样都是宗教徒,所以我们要把异教徒看成是朋友,当作是邻居,这个社会才能更美好。

第四,对含灵动物视如自己

宋朝黄山谷曾作一首《戒杀诗》,诗中提到:"我肉众生肉,名殊体不殊,原同一种性,只为别形躯。苦恼从他受,肥甘为我须,莫教阎老断,自揣看何如?"

世间上的众生,虽有种种不同的性相,但爱惜生命、求生惧死的本质都是一样。既然如此,我们就不应该把自己的快乐,建筑在别人的痛苦之上,对有生命的含灵动物,也要像对待自己的生命一样,给予爱护,不加伤害。

静坐的功效

当今社会动荡,所以,生活中的禅修,就显得相当重要,兹举出四点如下:

第一,静坐使身心平衡

我们的身心虽然都是自己的,却经常不能一致。比如我们会感到"心有余,力不足",或者这个身体还有力量,心里已经没有气力了。如何让身心平衡发展?让身心能统一运用?静坐可以帮助我们精神统一、意志集中,感觉到有一股自在的觉受,一种平衡身心的力量。

第二,静坐让理念明净

我们每一个人每天在动荡的身心里生活,有时候几乎忘失了自己。天天忙碌,却不知道为什么忙?天天来去,却不明白为什么来,要去哪里?甚至自己做什么都糊涂了。假如你有一点禅坐的功夫,盘腿静坐,就能让你的心明净下来,这个时候,你的理想、你的计划,就会明明朗朗、清清净净,就能懂得如何处理,明白怎么一回事。

第三,静坐令自我提升

所谓"俗虑恼人无止境",人不仅要面对自己的八万四千种贪嗔烦恼,还要面对瞬息万变、信息爆炸的现代社会,甚至复杂的人我关系,身心真是疲于奔命,烦乱不已。禅修静坐的功用可以让自己学习与困顿相处,接受自己,改变观念。当身心柔软下来,生活的意义就升华了,生命的境界也扩大了。

第四,静坐可悟入真谛

参禅打坐的人,久而久之,不但身心平衡,理念明净,也可以悟入人生的真谛。悟的时候,久远过去的事情,会重新浮现在眼前;遥远的人和事,也都会慢慢向我们集中近来;所谓"认识了自己的本来面目",懂得了人生究竟"为什么生?""为什么死?""从哪里来?""要去哪里?"明白人生真正的意义是什么,就能安顿身心,远离颠倒恐惧。

如何改心

有的人觉得自己的名字笔画不好而改名,有的人觉得自己的运气不好要改运,其实,改名、改运不如改心。因为我们的心经常不肯听我们自己的话,有时候起恶心,有时候起邪心,甚至有时候起迷心。假如把心改了,命运也就会跟着改;心改了,再也不必挂念名字笔画好不好。那么,恶心如何把它改成善心?邪心如何改成正心?迷心如何改成慧心呢?有四点如下:

第一,修般若以制心

有时我们的心想要奋发努力,却感到力不从心;有时我们的心想要平静下来,却东奔西跑,一刻不能停留;这时可以用般若来对治。修般若可以制伏我们内心的烦恼妄想,可以收摄我们纷乱的思绪;心制伏了,烦恼就会跟着减少;般若慧心增加了,就能专心一致,成就功德。

第二,寡酒色以清心

酒能乱性,令人神智昏昧,是百病入侵的门户;饮酒使人身心放荡,口无遮拦,恚怒一起,容易与人纷争,使恶名流布,为人轻贱。佛陀说:"慎勿视女色,亦莫共言语,若与语者,想其老者为母,长者如姐,少者如妹,稚者如子,生度脱心,熄灭恶念。"酒色财气令人目盲,令人耳聋,佛教所要呵斥的正是这些会染污清净自性的色声香味等尘垢,若能清心寡欲,身心自能清净无碍,若能远离酒色,就不会给自己找来麻烦,自然理智清明。

第三,却私欲以养心

俗语说:"人不自私,天诛地灭。"可见自私是人类的毛病。如果私欲过于膨胀,成天妄求、计较,就会失去做人的道德;假如私欲造成对国家社会的危害,就会失去做人的公德。私欲作祟,人心不得安宁,终日汲汲营营,忙于心计,又怎能安心呢?若能"宠利毋居于人前,德业毋落于人后;享受毋逾于分外,修为毋减于分中"。则能养心、清心。

第四,悟至理以明心

汤之盘铭曰:"苟日新,日日新,又日新。"佛教则主张小疑小悟,大疑大悟,意谓人应该不断地创新、改造、进步,才能有所觉悟。将每天"我懂了,我明白了"这许多小小的觉悟累积起来,将来就会有大彻大悟的时候。人最重要就是认识自己的本来面目,本来面目就是"我",就是"心",心才是真我。

字写错了,改正就好;路走岔了,改道即行。我们的心不好,也是要它改造一下。改心,要靠我们自己去实践。

心的应用

学佛要学得无心,无心不是没有心,而是"灭绝分别思量之差别"。无心的境界三昧很高,所谓"百花丛里过,片叶不沾身",就是无心的妙用。一般人能做到善用其心,就已经不容易了,何况无心?究竟要如何用心呢?有四点意见:

第一,无事时,应有明净的心

我们有时候忙、忙、忙,其实忙中亦有闲时;做、做、做,偶尔也会有无事之闲。忙时,心在诸事之中,那么,当无事的时候,心要如何呢?这时要将心安住在反观自照的明净之中。所谓无事并非身口之行为,乃心中了了常知,寂寂常照,好比"千江有水千江月,万里无云万里天",心明净了,好比天上的云朵、月亮,都会在平静的海面上浮现出来;心明净了,心中自然万象具足;在无分别的时候,对万物的始末即能清晰明白。

第二,有事时,应有坚定的心

处于万物纷扰的人世间,经常会有出其不意的恼人事件,面对事情,处理事情,应有洞察先机之坚定心。如果一再犹豫,不能下定决心,让时间蹉跎虚度,就会丧失机缘。因此有事时,要有坚定的心,才能不为无明烦恼左右。

第三,得意时,应有淡泊的心

唐朝孟郊《登科后》诗云:"春风得意马蹄疾,一日看尽长安花。"把金榜题名酣畅的心情表露无遗。其实得意的时候,更要有淡泊的心,因为,人处顺境容易得意忘形,若能自我惕厉,就不致马失前蹄,失于安乐。因此在得意时,要有淡泊的心。

第四,失意时,应有泰然的心

人的一生哪能天天得意,日日过年? 总难免有低潮失意的时候。失意时,最要紧的是不要被失意打倒,保持一颗泰然的心。《论语·公冶长》记载,楚国的令尹子文,他三度为官,脸无露出雀跃;三次被罢免职务,也没有显现怨怒,那是因为他有宽大泰然的心,对这些得失便能不在意了。所以,"上台、下台"都要泰然。失意没什么了不起,只要继续努力、上进,机会就会为我们所掌握。

唯心所造

佛教讲"三界唯心，万法唯识"，说明世间的一切都是唯心所造、唯心所现、唯识所变。"心如工画师，能画种种物"，心就好比是一位工程师，能起建各式各样的建筑；心也像一位美术家，可以挥洒出不同风采的画作。因此，世间的好好坏坏，往往取决于我们的一念之间。以下四句共勉：

第一，酒不醉人人自醉

喝酒喝得过多会令人酩酊大醉而难以自拔，但是想想，如果不是自己主动去喝，酒又何能醉得了我们呢？有人说："一醉解千愁。"可是别忘了"借酒浇愁愁更愁"。在日常生活中，沉浸在自我的世界里，我们用"自我陶醉"来形容；心中忧闷，比喻为"忧心若醉"；生活过得糜烂，则喻为"纸醉金迷"；但是不管怎么样，千万不能"醉生梦死"，不能糊里糊涂地过一生，要为自己创造乐观开朗的人生。

第二，色不迷人人自迷

所谓"情人眼里出西施"，有人说美色能让人动心，其实每个人对"美"的观点、看法都不一样。反映到生活上，有人喜欢自家的院子里多一点的花花草草,但是有的人却喜欢空空旷旷的感觉;有人喜欢白色,却也有人偏爱黑色。所以,世间上的一切事物都有为人喜欢与不喜欢的,但是无论如何,对于欢喜的人事物,却不能过度沉迷,老子云:"五色令人目盲,五音令人耳聋"。一旦迷恋了,看到的就只有眼前的利益,心有所局限,视野就不能开阔了。

第三,鬼不吓人人自吓

很多人听到"鬼",就心生恐惧。其实,鬼是另外一道的众生,他们有他们的生存之道,不会来妨碍我们、吓唬我们。真正的鬼不可怕,可怕的是疑心生暗鬼,甚至有的人比鬼还可怕,别有用心地以计谋害人。所谓"杯弓蛇影",有的人看到一棵树,误以为是鬼,而吓破了胆;有的人看到一根木棍,当作是鬼,吓得魂飞魄散,这都是自己疑神疑鬼的结果,只要我们心存善念,没有什么可以害怕的。

第四,气不乱人人自乱

每个人都会遇到令人气恼的事,一旦不满,千万不能一味地义愤填膺,应该要保持冷静。《汉书·楚元王刘交传》说:"和气致祥,乖气致异。"一个人不能冷静就会为气所乱,乱了主张,乱了章法,什么事就会不按牌理出牌,后果将是不堪设想。所谓"人比人,气死人""一山还有一山高",一气还一气,何时能了得?所以,生气不如争气。人只要能正直无邪,专其一心,则能不为诱惑所导,不为强势所乱,不为无明所扰。

身心的安住

我们经常会被问到:"你住在哪里?"为了"住"的问题,有的人一生劳碌,希望买得一间房子安住;有的人不断搬家,也是希望找到好房子居住。其实,就是有好的房屋、好的房间,你如果不安心,无论华厦美屋,或是洋房别墅,一样的不快乐。

身心不得安住,是人生苦恼的根源,如《大乘本生心地观经》说的:"心如怨家,能令自身受大苦!"身心不安,让你觉得不对劲、不完美、不圆满,所以昔日有禅宗二祖慧可翻山越岭,拜谒达摩祖师,只求为其安心。我们所以不能安顿身心,也是因为错把身心住在人我是非忧虑苦恼中,住在患得患失比较中,住在无止贪欲中,住在颠倒恐惧中。所以,除了有形的房屋外,你的身心要住在哪里?有四点参考:

第一,安住在发心上

省庵大师说:"入道要门,发心为首。"佛教的百千法门中,"发心"最为重要。发心就是开发心地,发心就是开发自己。发心,就会有方法迎刃而解;发心,就会有力量勇敢承担。我发心劳作、发心工作、发心修持、发心利人,所谓"但愿众生得离苦,不为自己求安乐"。发心,言行一定诚意;发心,内在不愧不怍。

第二,安住在道念上

每一个人都要有道德的观念,所谓"道德的观念",就是自觉要认真工作、要精勤修持、要热心助人、要为公无私等等信念想法,对自己有一种"严于律己,宽以待人"的要求态度。古人有云:"能知隐晦心常泰,不恋繁华性自真",自知隐晦,心里就能泰然;不为虚华,本性就会现前。"常乐柔和忍辱法,安住慈悲喜舍中"。就是安住在慈悲法喜、真理满足的道念之中。

第三,安住在学习上

学习,是一件快乐的事,将学习视为生活中的乐趣,你就能安住身心。所以,前人有云:"活到老,学到老",政府也鼓励大家"终身学习"。胡适说:"为学有如金字塔,要能广博要能高。"佛门也有谓"法门无量誓愿学",世间法要学习,佛法要学习,应用技能也要学习,你遍学一切法,还怕身心不能安住吗?

第四,安住在体谅上

体谅,是将矛盾、冲突归于平静祥和的润滑剂。体谅,是一种宽容、是一种涵养、是一种气度、是一种真心。人与人相处,能宽容别人的得失,是非对错,也能包容他、体谅他。有言:"海不辞水为同事,水不辞海德具尊"。建立这种体谅包容、互尊互重的互动关系,容纳别人、接受别人,还怕身心不能和谐平衡?

"身定,则无环境的束缚;心空,则无烦恼的障碍"。身心安住是圆满生命、拥有快乐的关键。将身心安住在所谓发心、道念、学习、体谅上,必定能获得身心的自在。

转心的重要

台湾话说小孩子到了青春期,有所谓"转大人",才能更成熟;表演者到了某个阶段,也有所谓"转型期",才有更大的演出舞台。人生要"转"才能成长,我们的心也是要"转",才能开阔。到底如何转心?以下四点意见:

第一,不贪心而喜舍

贪的习气会让我们对于外在一切人事物、感受、财富、名位等,没有餍足,奔驰追逐,惹得身心不得止息清净。如果能转贪心为喜舍心,就能分享给大众,广结善缘;能舍去悭贪之心,就会无所挂碍,获得自在。

第二,不抱怨而仁慈

怨是心有不平而积累的情绪。怨气引生恨意,怨言招致误会,抱怨损人不利己,哀怨自怜不讨喜,不但无法解决事情和问题,可能演变得更糟,可说是一无是处。如果能将抱怨转为仁慈,人慈悲了,心地也柔软了,智慧就会生出,所谓"慈悲无障碍,智慧遍十方",一定可以化解许多问题。

第三,不懒惰而勤劳

懒惰是一种病,有许多过患,如散漫、闲逸、他人嫌恶、内心无所着落等。反之,勤是精进不懈,劳是付出努力,如古德所云:"衣不天降,食不地涌;一衣一食,皆必出自劳动。"因此,转懒惰而勤劳,会受人肯定,受人尊重。

第四,不执着而明理

经典说,执由虚妄分别之心,对事物或事理固执不舍,又称迷执、执着、计着。它会让我们无法认清真相,也不能认识真理,因而种种烦恼妄想系缚,难以解脱。假如你能放下一分执着,就少一分痴迷;少去一分疑迷,就增长一分明理,人生也就多一分智慧与圆融。

"转"很好,稻田转作之后,可以增加农民的收益;峰回路转之后,会有另一片新天地。只要我们的心一转,人生有无量的可能,未来有无穷的希望,生活有无限的机会,心灵有无边的空间。以上四点"转心",提供我们参考。

调心

琴弦要调,声音才能不急不缓、悦耳动听;煮菜要调,味道才能浓淡适中、味美可口;平时我们的心能够无二用,一心一意当然很好,但是它有时候心猿意马、犹疑不定,或是经常忐忑不安、昏昧不明,这个时候就要调了。调心有四点如下:

第一,心不细,则处事不周

一般人有谓"胆大心细",你无论做什么,除了大胆放手勇于尝试外,心也要细密,才能周顾十方;而禅门也说"事不厌细",借此来叮咛学者在修行中,须时时警惕,不可轻忽慢心。心细,才不会处事不周;心细,才不会挂一漏万。

第二,心不定,则临事不稳

家不稳,令人挂念;心不稳,使人不安,做事也就无从妥帖稳当。因此,我们的心要有一股稳安的力量。假如你能有一颗如如不动的心,无论遇到什么事,管它外境变化动乱,吾心不变、不动,那么你就能"似海之深,如山之固",身安心稳,不为任何烦恼所惑。

第三,心不善,则做事不正

我们的心,一分为二,一个是恶,一个是善,做人处世、举心动念之间,都要自问一下我们的心,有没有损人利己,那就是不善;我的心会不会与人有害,那就是不正。去恶向善,才会有光明,才会有前途。

第四,心不净,则行事不明

一池清净的水,天上的月亮、人的影子都会如实倒映;一面光洁的镜子,也能反射一切事物。

我们的心也是一样,心混浊了,行事也会跟着混乱不明;反之,心一清净,谁好、谁不好,马上就很明白;心一清净,做事就能条理清楚。

心要用到正的方面,不能用到歪的上面;心要用在好的地方,不能用在坏的地方。佛经里说,心如工画师,能画种种物;心也像国王,可以命令指挥眼耳鼻舌身为它所用;心又如盗贼,如果不好好地调伏他,就会为非作歹。

因此,如何调心,就很重要了。

万事由心

佛法讲"三界唯心,万法唯识",世间上的千差万别,都是由我们的心所变现。内心欢喜,则欢喜的气氛随之而到,看什么都如意;内心不平,则事事不能顺心,见什么都厌恶。万事由心,所以我们要好好观照这颗心,有四点意见:

第一,心模糊,万事不入耳目

心要明朗清晰,才能以智慧洞彻事物的本质;心若模糊不清,则将视而不见,听而不闻,食而无味,学习的成果也就有限。好比视力模糊,则看不清事物的真实面目;信息传递模糊,则是非不能明,难以作决策;读书心不在焉,则有断章取义之险。所谓"心安茅屋稳,性定菜根香"。要先稳定自己的心性,心地才能清明而不模糊,也才能专心致志。

第二,心疏忽,万事不可收拾

心不可疏忽,疏忽了,小则人我嫌隙,大则危害生命。《关尹子》曰:"勿轻小事,小隙沉舟;勿轻小物,小虫毒身。"综观社会,因为一时的疏忽,酿祸成灾的案例比比皆是,举凡火灾、车祸都是。因此,凡事应当谨慎,语言疏忽,是是非非就多;人我疏忽,挚友也可能反目。总之,谨慎小心,总比事后的懊悔不及好。

第三,心执着,万事不得自在

心有所偏颇、心有所计较、心有所执着,则万千的事情都不能得到本来面目,亦不能回归自然。所以,凡事要能看得开,看得开就能安心;思想要通达,能通达才能面面俱到。心不执着,烦恼魔军不攻自破;心有执着,身心不得安宁。因此,要给自己多一点转圜的余地,人生才能过得如鱼得水,自由自在。

第四,心挂碍,万事不能适意

许多人本来日子可以过得安然适意的,却因为挂碍着名利、挂碍着钱财、挂碍着亲朋故旧、挂碍着种种人我是非,甚至美丑胖瘦,而不得快乐。

所以,想要获得欢喜,要先让自己跳脱功利、本位主义所带来的牵挂,才能感受到淡然喜悦。一个人不愿将心门打开,就无法自我突破极限;反之,心中充满快乐的人,散发出来的也会是快乐的气氛,带给人的也是欢喜和乐。

人的身体就好比一座村庄,心就是村长,领导着村民——眼、耳、鼻、舌、身步向正轨,尽其所能发挥效用。心模糊了、心疏忽了、心执着了、心挂碍了,所行所为,就将漏洞百出,不能圆满。"万事由心",所以要时刻省察自己。

修心学佛

我们一个人每天要用手做事,用口讲话,用头脑思考,这都是"心"在主导这些行为。因为"心"是眼、耳、鼻、舌、身的主人,心动了,五根也跟着动,"心"可以说是一切善恶行为的根本,所以要修"心"学佛。如何修学?提出以下四点意见:

第一,于恶友所,不起嗔心

朋友相处当中,有时也会遇到坏朋友,所谓恶友,就像恶犬,你打它一下,它可能咬你更凶。因此,遇到恶人,纵使有不以为然或看法不同时,也不随便起嗔恨心。有一次郑灵公请诸大夫到府餐宴,因故独漏了公子宋。公子宋认为自己受到怠慢,于是在宾客开宴之前,在朝堂上,抢先用指头在大鼎中蘸汤尝了一口,表示吃到"异味"后,便离开了。此举惹得郑灵公大怒,扬言杀掉公子宋;没想到公子宋听到消息,早一步灭了郑灵公。身居恶友之所,不宜嗔怒,实是保身之道。

第二,住于大慈,能容异己

社会的安定是每个人的希望,维持社会的和谐,更是每个人应尽的责任与义务。我交朋友,把自己定位在大慈悲上,虽然你和我的想法不同、职业不同、年龄不同、志向不同,不过没有关系,我们可以彼此包容。人人以慈悲安住身心,如弥勒菩萨以大肚涵容一切,如观音菩萨以慈眼视众生,包容与我不同思想,不同信仰,不同性别,不同种族的人,如此社会自然祥和。

第三,深乐正法,勤求无厌

我们的心总是向外追逐,希冀获得满足与快乐,不断追求的结果,却只有获得心灵的空虚与烦恼。《维摩经》说:"吾有法乐,不乐世俗之乐。"当你听闻正法,追求正当的宗教、正当的信仰,感到正法之味如饮甘露,心生爱乐,你会勤奋求法而不会感到疲厌,因为在乐法之中,能获得更多的法喜。

第四,念佛学佛,心中有佛

念佛学佛的人有很多种,有的人喜欢念佛绕佛,有的人喜欢参禅打坐,有的人礼忏拜佛,有的实践行佛,不管何种方式,你心中不断观想佛是什么样子、净土是什么样子,经常观想佛像庄严,思维法义,自然佛常在心中。心中有佛,以佛心看待一切,世间万相皆美,现前即成净土。

修心学佛,与人相处懂得以和为贵;修心学佛,包容与我不同的人事物;修心学佛,勤修正知正见,息灭贪嗔痴苦;心中有佛,视一切人如佛,那么你就是"常不轻菩萨"了。

心的秘密

人常常隐藏许多难以启齿的秘密,因为没有办法告诉别人,只能埋藏在心里,日久就会发酵,成为烦恼。甚至因为对自己的心认识不清,因此愚痴,成为无明,所以我们要找出"心的秘密",有四点:

第一,心中有话口难开

有一首歌叫"爱你在心口难开",其实有很多人不只是有爱不敢表达,有时候心里有话也不敢说出口,或是不方便说、不能说、不肯说。所谓"凡人不开口,神仙难下手",心中有话口难开,别人想帮也帮不上忙,只有深藏自己心底,成为永远的秘密。

第二,心在何处难寻觅

每个人都有一定的住所,知道自己住在何处。但是我们的心究竟住在哪里?却没有几人明白。有的人以为心就住在形骸里面,其实不然,有时候我们人明明坐在这里,而心却跑到千里以外。在《楞严经》里描述阿难尊者"七处征心"的事,探究我们的心究竟在身体之内?或在身体之外?或者在内外之间等等。结论是心没有确定的住所。所谓"上穷碧落下黄泉",心在何处难寻找,甚至心是什么？心究竟在思考些什么？认识自己的人，固然能够了然明白，不认识自己的人，它就成为让人难以捉摸的秘密了。

第三，心生万物随识现

佛教的唯识家认为"三界唯心，万法唯识"；又说"心生则一切法生，心灭则一切法灭"。认为宇宙世间所有的一切，都是随着人的心识显现而来；因为透过心的分别，才有世间的森罗万象，所以我们的心里有无限的宝藏。所谓"心生万物随识现，心有宝藏体无穷"。懂得此中道理的人，从心里发出信仰，信仰就有力量；从心里发出慈悲，慈悲可以给人欢喜；不认同此理的人，心的力量就是个不可解的秘密。

第四，心病还需心药医

平常我们的身体生病了，都懂得去看医生，吃药、打针，做种种的治疗；心里有了毛病，如何医治呢？所谓"心病还需心药医"，心理生病，必须要心药来医疗。什么是"心药"？例如，心中的贪、瞋、痴，就要用戒、定、慧来治疗，这是疗治心病的有效良药，也是治心的秘密武器。平常我们总怨怪别人不了解自己，其实自己又何尝了解自己，对自己的心又有多少的认识呢？所以"心的秘密"值得探究。

平常心

佛教讲"平常心是道",平时我们也常常听到有人说要用平常心做人,要用平常心处事。"平常心"究竟是什么意思,怎样才能保有一颗"平常心"?有四点看法:

第一,失意事来,治之以忍

《史记·汲郑列传》说:"一死一生,乃知交情;一贫一富,乃知交态;一贵一贱,交情乃见。"一个人失意的时候,最能感受"人情冷暖,世态炎凉"。有的人因此自怨自艾,消极颓唐;有的人则怨天尤人,愤世嫉俗,这都是一种负面的情绪作用。真正有修养的人,尽管世情浇薄,我以一忍治之,自能不以物喜,不以己悲,所以能忍的人,他就是有平常心。

第二,快心事来,处之以淡

"人逢喜事精神爽",遇快心事时,一般人莫不是欢天喜地,欣喜若狂,恨不得天下人都能分享他的快乐。"喜形于色"固是人之常情,然而能如谢安在"淝水之战",侄儿谢玄以寡击众,取得胜利后,消息传来,犹能弈棋如常,不动声色。这种"快心事来,处之以淡",就是一种平常心。

第三,荣宠事来,置之以让

人有荣誉之心,而后知所向上,值得嘉许。然而自古以来多少文武大臣、后宫佳丽,为了争宠显荣,彼此钩心斗角,甚至导致政争战乱,祸国殃民,反招千古骂名。所以,荣宠不是争取而来的,所谓"实至名归",名实不副,有时候求荣反辱;能够洞彻此中道理,在荣宠之前,以平常心视之,就是明哲保身之道。

第四,怨恨事来,安之以退

人有不平,易生怨恨。怨恨犹如一把双刃刀,伤人又伤己。遇有委屈不平时,不必难过、不必计较,何妨退一步想;能以平常心安之以退,自能泰然自适,则怨恨无由生起。

平常心是一种透析世情,了悟人生的智慧;能以平常心处世,自能"超然物外见真章"。

心的妙用

《华严经》说:"心如工画师,能画诸世间;五阴悉从生,无法而不造。"我们心就像画家,不但能彩绘世间的种种,心更像工厂,无物而不造。心的妙用无穷,有四点譬喻:

第一,心如大地,普载万物

大地是人类的母亲,孕育了人类的文明,他无我无私地普载万物,所以被尊为慈母。我们的心,也像大地一样,所谓"心包太虚,量周沙界",只要我们能敞开心胸,接纳宇宙万物,就能如天如地一样,无所不包,无所不含。

第二,心如桥梁,给人方便

自古以来,许多善心人士铺桥造路,为的就是给人方便。试想,江河之上、深壑之间,如果没有桥梁的沟通,将会带来多大的不便?我们的心也像桥梁一样,只要我们常存慈悲之心,处处与人为善,时时给人欢喜、给人希望、给人信心、给人方便,我们的心就像一座无形的桥梁,不但方便了别人,也沟通了人我。

第三,心如大海,容纳众流

大海容纳百川,不管江河溪流,无不汇归大海;大海因为不拣细流,所以能就其大。我们的心"一念三千",十法界都在我们的一心之中,因此只要我们能大其心,像弥勒菩萨一样,容天下难容之事,把世间的好好坏坏都包容在一心之中,我们就能笑口常开,笑尽天下古今愁。

第四,心如虚空,包容万象

世界上最大的东西是什么?是虚空;虚空能包容万物,也不挂碍万物的存在。然而,"虚空非大,心王为大",我们的心堪比虚空。明朝开国皇帝朱元璋当沙弥时曾写下一首诗:"天为罗帐地为毡,日月星辰伴我眠;夜间不敢长伸足,恐怕踏破海底天。"说明度量宏大的人,必有容人容物容事的胸襟。因此,我们要像包容万物的虚空,容纳异己,不排斥异己的存在,才能"有容乃大"!

有一道谜题说:"三点若星相,横勾似月斜;披毛因它起,成佛也由它。"答案就是"心"。心之一字,笔画简单,却是妙用无穷。

治心

"大学之道,在明明德,在亲民,在止于至善。"儒家认为,人生来即具有善良的德性,日后虽受到环境变易冲击的影响,或因个人拘泥偏狭的执着,使光明的善德受到蒙蔽,因此亟需透过教化和自觉的过程,让自性的光明善美能够彰显。如何治心,以下四点提供参考:

第一,改心为好

作家润饰文章,画家修正作品,都是借由不断地改进,让作品能完美地呈现。曹溪云:"常见自己过,与道即相当。"我们要当自己的医生,勇于向自己的毛病开刀,生活恶习要改进;思想偏差要改正;说话错误要改过。一个不知道自己毛病的人,如何获得健康?唯有时时忏悔、反省自身言行,努力改过,才能生起智慧。

第二,修心为正

我们的色身有老病死诸苦,心理上有贪嗔痴等烦恼,因此一个人除了修身,还要修心。我们的心如猿猴难以掌握;贪嗔痴三毒,经常羁绊着我们,时刻盘踞心灵,污染我们清净的本性。在求道路上,要想远离三毒的侵害,就必须以坚韧的力量忆念正法,具足柔软、慈悲、清净、无恚的心,使我们的思维时时和正法相应,趋向光明的大道。

第三,用心为道

道是我们走向圆满生命的正途。道在哪里?道在生活、在发心、在众生中、在慈悲里,道无处不在。我们必须用心在慈悲、恭敬、正信、发心、忍辱中,才能与道相应。平日要能展现群我相处的美德,将欢喜布施予人;将利益与人分享。更要用心培养待人宽宏的雅量、处世平等的真诚、对众生尊重的言行和自己觉醒的修养,如此进德修业,必定能导正人心,为社会带来祥和安乐。

第四,明心为悟

语云:"玉不琢不成器。"铜镜也是如此,若不勤加拂拭镜面,则无法明亮;越是上等的艺术品,所需的琢磨功夫越多。佛说:"一切众生皆有如来智慧德相,只因妄想执着不能证得。"我们的心如同乌云遮蔽了阳光,唯有除去烦恼的乌云,才能显露真如本性。如何驱除烦恼的乌云呢?唯有靠修行的力量,才能识得自己的本来面目,证得真如实相。

"人身难得今已得,佛法难闻今已闻;此身不向今生度,更待何生度此生?"因此应该好好珍惜人身,把握今生,只要我们把人做好,把人道完成,其实就已经迈向成佛之道了。

济世之心

大乘菩萨道,即是以利行大众。阿弥陀佛的三根普被,释迦文佛的示教利喜,观音菩萨的慈悲普度,势至菩萨的大喜大舍,地藏菩萨的大愿救苦,普贤菩萨的恒顺众生,都是利行的最佳典范。那么我们以什么来服务大众,利济有情呢? 提供四点意见:

第一,净心修天下之道

对一个菩萨行者而言,世间一切能够利益众生、圆满生命的法门,都是我们必须学习的,佛教的四弘誓愿中说:"法门无量誓愿学",学习人间菩萨的万行,更需要体认这层意义,抱持菩萨遍学一切的志愿胸襟,时时进修,时时努力。佛经云:"佛法无量义,一以净为本。"唯有以清净的三业来受持佛法,让修道心保持在正念上,才能自他受益,普济群伦。

第二,平心论天下之事

种族间的相互歧视、宗教间的意见不一、称霸群雄的贪欲诱惑,国际间难有宁日。加上现今科技发达,武器的功能日新月异,人类对战争的畏惧益深,渴望和平的呼声水涨船高,虽有禁武、限核等高峰会议的举行,使和平的脚步迈开,却杜绝不了战争的发生。解决之道,需要事理配合、行解并重等各方面的考虑,非仅去除表面的乱象。我们面对诡谲多变的世局,分析或论时事,需要多一分客观超然与理性平和的态度。

第三,悲心济天下之急

菩萨以六度四摄关爱一切众生,所以悲心不只是理念上的了解,更要有行动上的实践。例如荣西和尚应时布施的善行,铁眼禅师利济群生的义举,都是悲心济世的典范。孟子说:"无恻隐之心,无羞恶之心,无辞让之心,无是非之心者,皆是非人。"如果大家都能秉持"但愿众生得离苦,不为自己求安乐"的悲心,相信利生济世的事业必定能够恒久绵延。

第四,慈心容天下之人

做人要能包容异己,人格才能崇高。《菜根谭》云:"地之秽者多生物,水之清者常无鱼。"说明厚德载物,雅量容人的人生哲理。佛陀开示我们"戒除我执、法执"的宝训,即是教导我们要能包容异己,体会因缘和合、互相依存的真理。佛教的慈悲即是视人如己,立场互易,对于亲人或仇敌、有缘与无缘都能慈悲相待,付出真心。

我们本着净心、平心、悲心、慈心的理念匡时济世,服务群生,则佛国净土,人间即是。

点亮心灵的灯光(一)

天色昏黑,路灯提供照明,维护了行人的安全;室内昏暗,电灯放射亮光,去除了夜晚暗昧的恐惧。黑暗,给人一种充满未知的担忧;光明,则让人有坦然无惧的安全感。因此,点亮心灵的灯光,才能褪去烦恼,驱除不安,而散发出本自具足的良善与自在。我们要点亮什么灯光呢?

第一,点亮家庭伦理的心灯

"哀哀父母,生我劬劳",孩子小时,父母为了他们的成长及教育,辛勤工作赚钱;及长大,又担心孩子的婚姻、事业等等,可谓对子女一生皆关怀备至。但是,在现代社会,家庭暴力事件层出不穷,让人不禁唏嘘,到底是人类的道德良知不见,还是罔顾父母的养育之恩呢?不懂得孝敬父母的人,就是没有感恩心的人,不知感恩的人又如何在团体中融和相处?所以,上下相敬才能建构家庭的和乐。

第二,点亮尊敬和谐的心灯

小从人与人的相处,大至国与国的往来,都因为"互敬互重"而得友谊。战争源于内心仇恨的宣泄,来自心中的不和谐。因此,消弭嗔恚之火,创造和谐的人生,才能为生命注入意义,才能为世界的和平带来希望。本着世上每一个人都和我有因缘的同体共生思想,让我们一起点亮尊敬和谐的心灯,促使人我无怨、社会无争、世界和平。

第三,点亮祝福友爱的心灯

世界上有很多人正处于不幸中,不论是疾病的侵袭、亲人的逝去,或是水火风灾、战云密布,度一日就如同过一年般痛苦难耐。但也有许多人正为金榜题名、新婚志喜、升官发财而雀跃不已。情况虽有两极,我们的祝福友爱却不能少,祝祷苦难者得以逢凶化吉,祝福欢喜者得以散播欢喜满人间。

第四,点亮互助包容的心灯

每个人来自不同的生活背景,尽管有着不同的思想、不同的性格、不同的行事作风,但是彼此"互助包容"却不可少。每个人皆有所不足,需要别人来补其短;每个人皆有所长,应当尽力帮助需要帮助的人。在一来一往的合作中,建立共识;在一举一动的包容中,消除隔阂,共同营造一个互助包容的生活环境。

人人需要光明,有光明,生活才会多彩多姿,生命才能发挥力量,让我们打开心扉,点亮心灵的灯光,迎向光明。

点亮心灵的灯光(二)

宋朝茶陵郁禅师的偈写道:"我有明珠一颗,久被尘劳封锁,今朝尘尽光生,照破山河万朵。"人人皆有清净的本心,只因烦恼妄想而不能显露,只要妄心去除,就能回归清净自性。每个人心中都有一盏明灯,只要我们愿意打破黑暗,做一位主动开灯的人,光明就会立即来到。点亮心灵的灯光,有以下四点:

第一,点亮守法服务的心灯

一个国家有法律,自能福国利民;一个团体有制度,才能长久经营;一个人内心有规矩,君子风度才能显发。所以人人守法,社会才能安宁,人心才能安定。服务来自于内心志愿帮助他人,如教师为学子服务、公司为客户服务、商店为顾客服务,乃至童子军日行一善,借由服务可以增进彼此的交流往来,借由服务就能广结善缘。

第二,点亮勤劳节俭的心灯

"流水不腐,户枢不蠹,以其劳动不息。"人生要有朝气,要不断为自己注入生命的活水。思想要深入,需勤于动脑;文笔要精练,应勤于动笔;口才要练达,要勤于讲说。节俭是中国传统美德,凡事不贪心,物质的欲望就会降低,耗费的金钱就会减少。除了金钱的节省,物品的爱惜,其他如不贪、不嗔、不痴、惜时、淡薄,也都是心性上的俭约,心灵上的财富。

第三,点亮忍让和平的心灯

世间最大的力量就是忍耐。《六祖坛经》云:"让则尊卑和睦,忍则众恶无喧。"为了息事宁人,忍让和平是促进彼此和谐的调和剂。做人处事,横冲直撞未必能带来成功,甚至还会招致责怪怨怼;将心定下来,仔细思量后,能以退为进,何尝不能卓然有成?

第四,点亮般若智慧的心灯

人光有聪明是不够的,有时聪明反被聪明所误;拥有智慧,凡事才能洞察秋毫。家庭的和睦,需赖尊重包容的智慧来建立;经济的复苏,需有勤奋踏实的智慧来努力;国家的安定,需以信念一致的智慧来成就;人际的和谐,则需靠彼此信赖的智慧来维持。点亮心中般若智慧的灯光,就能看清楚方向,诸事无碍,而成就大局。

让我们点亮心灵的灯光,照亮黑暗的每一个角落,而能"无有恐怖,远离颠倒梦想"。

恒心的力量

要增长自己的力量,恒心最为重要。你有恒心就能持久,你有恒心就有力量。功亏一篑或半途而废都不能成功。什么是恒心的力量?有以下四点:

第一,一日一钱,千日千钱

一天存1元钱,千日下来,就存了1 000元;一天做1件善事,即使只是小事,千日之后,就做了1 000件善事;假如你一天说1句好话,三年千日,就说了1 000句好话。因此,不要以为"一"很小,一天一天的增长,累积之后,那就是千千万万、万万千千。

第二,每念小悟,集小为大

所谓"不辞小水,方能成就海洋;不积小善,无以圆满至德"。学佛修行,贵在每个念头不断反观自省,不断地觉悟,可能只是小小的了悟,但慢慢明白,渐渐增长,集小为大,久而久之,就会有一个大彻大悟。

第三,柔绳为锯,坚木可断

木头坚硬,绳子柔软,只要有恒心,再坚硬的木头,都会被柔绳锯断。烦恼也是一样,经典形容烦恼如木枷架在颈上,缚得人们无法出离、喘息。但只要以慈悲心、智慧心、柔软心为绳,必定会有将烦恼锯断的时候。

第四,滴水虽微,可以穿石

岩洞的钟乳石,一毫一分,经过千万年的积累而成形;海边的巨石,不断被海水冲击,而成千疮百孔。不要以为一滴水很小,它可以滴穿石头。所以,微小不怕,只要耐烦有恒,时间的浪潮,会将小人物推向时代的前端;只要脚踏实地,历史的巨手,也会将小因缘聚合成丰功伟业。

因此,只要有恒心,无论做什么,历史会肯定我们的定位,大众会推动我们的成就,时间会带给我们利益,毅力会帮助我们进步。

如何调心？

参禅打坐不一定是指出家人的修行，近年来，也有许多在家居士欢喜参禅打坐。它可以沉静心灵、稳定情绪，借此转化身心，让自己更有道德、智慧、勇敢、精进。参禅打坐要有方法，讲究调身、调息、调心，最重要的是把心调好，身、息也就自在顺畅。"如何调心"？

第一，修禅静坐，可以收摄妄心

在日常生活里，要工作、要往来、还要进修，柴米油盐，许多繁琐细节，忙得让人妄想纷飞，虚妄心生。尤其外境的五欲六尘，有生有灭，感官欢乐之余，常常伴随着痛苦，不能永恒安乐。在熙熙攘攘中，如果每天修禅静坐一小片刻，可以收摄妄心，内心就能拥有平静快乐。

第二，戒酒远色，可以清净染心

所谓"酒醉误事，近色惹殃"，这样的事情屡见不鲜，甚至好友聚会，都变成恶语相向。能够改掉不好的习惯、嗜好，远离毒品、酗酒、好美食、贪美色，内心就不会沉沦，进而能产生正向的力量，转染污心为清净心。

第三，去贪离欲，可以修养真心

我们的真心不能现前，就是被贪欲蒙蔽，好比眼睛长了眼翳，看不清实相。龙牙禅师云："一室一床一茅屋，一瓶一钵一生涯；门前纵有通村路，他家何曾是我家。"生活简单自然，不攀外缘，虽然寒碜，却是安身立命之处。能够远离贪欲，歇下妄想妄缘，真心就能现起。

第四，诵经研教，可以警惕恶心

一个人的心，善念与恶念并存，恶念多了，烦恼就多，善心强了，恶念就少。很多人以为，念经是对佛祖交功课，其实，经不要我们念它，主要是借由读诵经典、研究教理，让我们的心去除贪嗔痴恶念，以此警惕己心，就会常生善念。

第五，守道悟理，可以见性明心

真理具有普遍性、必然性、平等性、永恒性，必须用心去体悟。能守道体悟，可以见性明心。悟的那一刻，豁然通达，好像在无际的黑暗里，电光一闪，照破无明迷雾，顿见光明灿烂的世界。

心的调整

桌椅歪了要调整，才会整齐，琴弦松了要调弦，才会好听；路走偏了不调整，就不能到达目的；车偏离车道不调整，灾祸就要发生。同样的，我们的心也会有颠倒迷惘的时候，需要调整，才能正常生活，平安自在。如何调心，提供以下四点：

第一，欢笑由内心升起

现代人生活紧张，习惯压抑情绪，久而久之，造成忧郁烦恼，徒伤心神。有云："一笑解千愁"，欢笑能舒解压力，达到和缓功效，因此，要常常从内心制造欢喜。像丹麦曾举行大笑活动，让人民轻松欢笑，保持健康快乐。内心常保愉悦，振作精神，不但有益身心的和谐与平衡，更能为生活周围增添欢喜。

第二，快乐用真情感受

有人以追求金钱、物质、名位、爱情为快乐，这原本也属自然，但更重要的是，追求背后的真情真心。人与人真情相待，情意交流，温馨感动；男女真情交往，才能彼此忠诚，相互信赖；为政者以真情待众，必得人心拥戴；从商者以真情往来，赚取情义无限。这些无形的真情获得，才是真正的欢喜快乐，因此，要感受快乐的真实,唯在点点滴滴出自真情。

第三,肚量要胸怀大众

世间上,人与人之间的纷争、烦恼,皆出于气度狭小,只想到自己。想要泯灭战争、歧视、人我纠纷,唯有胸怀大众,时常想到自他平等。故儒家讲"人溺己溺,人饥己饥"、"四海之内皆兄弟",体现民胞物与的胸怀;佛教则以"无缘大慈,同体大悲",发扬同体共生的精神,如此,人心才能和谐,人间才有和平。

第四,做事宜心甘情愿

做事,能够心甘情愿、发心奉献,工作起来不但不觉得累,反而快乐无比,拥有不绝的精力。反之,你满怀抱怨、心生懈怠,情绪纷乱外,事事受到阻碍,工作效率无法提升,达不到好的功绩。因此,以心甘情愿的态度来做事,累时不觉累,苦时不觉苦,难时不觉难,具足勇气解决问题,进而无事不办。

"心"能左右一个人的成功或失败、欢喜或悲伤、失意或得意。在生活中,能做到以上四点,时时调整我们的心,则能日渐开阔,心生喜乐。

涵养身心之妙

人都希望受人喜爱，取胜的关键不在外貌，而是内心散发出的气质、风度和涵养。这样的人，凡事讲道、讲理，不计较、不粗言，言行举止，都能展现他的教养与修为，无论走到哪里，都会受人尊敬。如何涵养身心呢？可从以下四个方向着眼：

第一，有德，人必尊之

南宋理学家朱熹说："有德者，虽年下于我，我必尊之；不肖者，虽年高于我，我必远之。"《大智度论》也云："内心智德薄，外善以美言，譬如竹如内，但示有其外；内心智德厚，外善以法言，譬如妙金刚，中外力皆足。"可以说，一个人受敬重，与他的地位高低、年龄大小无大相干，而在于他是否有德。

第二，有功，人必崇之

常言道："功不可没。"一个在自己的专长领域、本分事上付出心血，作出贡献的人，必能为世人所推崇。

第三，有容，人必附之

佛陀提出"众生平等"，《金刚经》也说："若菩萨有我相、人相、众生相、寿者相，即非菩萨。"就是要我们学习以无私的心胸容人、容事、容物。所以,佛陀门下弟子成道、发心度众、为教奉献者,不胜枚举,不论王亲国戚或贩夫走卒,他都接纳包容,至今,佛法得以在全世界蓬勃发展。心中容纳多少,人心归附就有多少!

第四,有量,人必从之

做大事者,有容人的雅量,则所到之处无不宽广。像春秋五霸之一的楚庄王,宽待调戏爱妾的将士,不予降罪,这名将士以奋勇为国,打败敌军来感恩图报。语云:"宰相肚里能撑船。"上位者有量,下位者必遵从;反之,心如窄巷,事事锱铢必较,如何获得人心?因此,要获得人心,首要条件是拥有如大海般的心量。

如何涵养身心?唯在有德、有功、有容、有量。一旦具足,人们必定尊崇、归附,而心向往之。

心灵净化

铜铁生锈了,用润滑剂抹拭;身体污秽了,则用清水洗涤干净;我们的心灵受到污染了,应如何净化呢?提供四点意见:

第一,用慈悲心来净化心灵

慈悲心就是一种仁爱之心,对人有爱心、有同情心,肯去帮助别人。我们能对别人的苦难感同身受,进而发起救苦救难之心,故佛经云:"菩萨以慈悲为本,于一切众生常起饶益之心",就是用慈悲心来净化内心里面的贪、嗔、欲望、愚痴、邪见,成就佛道。"宁可失去世间的一切,但不能失去慈悲心",因为慈悲智慧是我们心灵永恒的财富,能净化我们的心灵。

第二,用惭愧心来净化心灵

惭,对不起自己;愧,对不起别人。知惭愧者,经常能警惕自我不能对不起自己别人、父母师长乃至社会国家,而能时时检讨反省。惭愧反省是悔过的勇气,是开启你我潜藏心力之钥。正如儒家所重视的"吾日三省吾身"反省功夫。我们透过反省检讨自己的缺失,心生大惭愧,有了这惭愧心则能内省不疚,改过迁善。

第三,用信仰心来净化心灵

心目中的诚信、道德人格和做人的尊严,就是人们的道德信仰;人们对道德规范的敬重就能净化心灵。不论我信仰佛教,或信仰什么宗教都好,因为有信仰,就有道德的观念,就有法治的观念,就能克己利人。

第四,用般若心来净化心灵

般若是什么?就是智慧。开发智慧,是改造自己愚痴的认知。人要明理,不明理则会执着、愚痴、胡作非为。所以有人说:"宁与君子理论,莫与小人计较;宁与智者争论,不与愚者论道。"因此,用般若智慧来化导愚昧无明,来净化自己的心灵。

我们日常生活中,由于眼看耳听,无形中,增加了心理的压力与尘劳;唯有散播慈悲的种子,以惭愧法服庄严己身,以道德信仰增加力量,以般若法水洗涤烦恼尘埃,才能真正发挥净化心灵之效。

人心的疾病

身体有病,不管感冒、头痛,或是肠胃不舒服等,我们都会找医生治疗。其实,人的心理也有很多毛病,例如,嗔恨、嫉妒、贪欲、愚痴、邪见等,这些都是心理的毛病。身体有病要找医生诊疗;心里有了毛病,则要靠自我治疗。我们怎样医治心里的毛病?首先要把心病找出来,"人心的疾病"列举六点,提供自我审视:

第一,谄媚阿谀的病

做人要有骨气,才能活出生命的尊严。有的人看到有权有势的人就曲意奉承、逢迎拍马,说一些违心之论,做一些不当的行为,一心讨好、巴结,以图求好处。这种善于攀附权贵、谄媚阿谀却不以为耻的人,可谓自贬身价,失去人格,最令人看轻。

第二,奸邪不正的病

为人耿介,正直不阿,必然为人所敬重。有的人刁钻邪恶、心术不正,处处刁难别人、给人麻烦,甚至存心设计别人、陷害别人。这种人泯灭良知,就是心灵生病了。

第三,恶口两舌的病

爱听是非,爱传是非,爱说是非,这是很多人的通病。搬弄是非,就是两舌;说话伤人,就是恶口。有的人说话总是话里带刀、带刺,开口不是损人、伤人,就是挑拨离间,搬是弄非,这都是由于心里有病,所以发之为声,语言也跟着生病了。

第四,嫉妒嗔怒的病

有人说,女人小心眼,喜欢嫉妒、骄嗔成性。其实不一定是女人,社会上有很多人见不得别人好,只要别人比自己优秀,心里就难过,嫉妒心就油然生起。这是由于自己不足,又不容许别人比自己出色,所以嫉妒嗔怒都是内心贫乏所引起的毛病。

第五,反复无常的病

情绪阴晴不定,让人难以捉摸;行事反复无常,叫人无所适从。这种人往往心性脆弱,做不了自己的主人,只有听凭外境左右,而在是非得失、好恶爱憎里起伏波动。这种内心缺乏力量的毛病,必须自我建设才能改善。

第六,不知感恩的病

互助合作,相互成就,透过众缘合和,我们才能生存。因此,凡是心智成熟、心灵健全的人,都应该感谢社会大众的因缘成就。但是有的人却将别人助成我们的善因善缘,认为是理所当然的,因此不但不知感恩,稍有不如意就怨恨、不满,这就是内心贫穷所造成的毛病。

人的心理病态,导致行为偏差,必须靠信仰的力量、道德的重建、人格的提升才能医治。

心的造业

每个人都有一颗心,心是我们的主人,心是我们的领导。你看,心叫眼睛看,眼睛就去看;心叫耳朵听,耳朵就听;心叫嘴巴说,嘴巴就说。心是我们的主人,它要我们怎么做,我们就听命从事;如果我们管理不了自己的心,任由心意起惑造业,这是很可怕的事。"心的造业",有四点:

第一,无心伤人是罪过

我们经常看到有的人说话得罪了人,做事伤害了人,他总是解释说:"我是无心的!"但是,"无心"就能推卸责任吗?试想,今天如果你杀了人,别人人头落地了,难道能够因为自己无心,别人就该倒霉?因为你的无心,就能杀人无罪吗?所以"无心"不能当成借口。无心伤害人从法律上讲,过失杀人、误会杀人,罪过比较轻;但是从因果业报来看,杀业还是存在。所以我们平时应该谨言慎行,不可以无端得罪人、伤害人、侵犯人,否则即使是无心伤人,也是罪过。

第二,妒心害人是缺德

"见不得别人好",这是人的劣根性。有的人因为嫉妒别人好,嫉妒别人有,嫉妒别人能干、升官发财,因此就想方设法打击别人、陷害别人。如此妒心害人,不但有罪过,而且是不道德的。

第三,嗔心杀人是恶毒

佛经说:"嗔为毒之根,嗔灭一切善",因此"学道先须不要嗔,嗔心未断道休论"。人在受苦或遇到逆境时,容易生起嗔心。有人嗔心一起便随意骂人、打人,甚至杀人,这时内心毫无慈悲心、怜悯心,只有嗔火攻心,于是再恶毒的事都做得出,这是很可怕的。佛经又说:"嗔心甚于猛火,常当防护,无令得入。劫功德贼,无过嗔恚。"

第四,疑心误人是愚痴

怀疑和误会,很容易在人际间筑起一道无形的墙,最能破坏情谊。一个疑心病重的人,往往由于缺乏自信,因此常常对人生起疑心,经常错怪别人、误会别人。如此多疑之人,即使是最亲密的夫妻,日久感情也会出现裂痕,可以说伤人又伤己,实在愚痴、无智。所以做人要明理,对己要有自信,对人要有诚信,这是做人成功的要件。

人之心,可好可坏;好心很可贵,坏心很可怕。我们平常讲"管理",不是要管理别人,而是要管理自己,尤其要管理好自己的心,否则任由我们的心胡乱造业,实在可怕。

空静心悟

佛教讲："万法归一""一念三千"；道教也说："抱元守一""形神合一"；儒教亦云："执中贯一"。其他各个宗教也都提到"一"，可见"一"是万物的起源。如《华严经》说："一即一切，一切即一。""一"虽然是很小的数字，却涵盖了宇宙之理。

如果我们的人生，能将一个字好好运用于生活中，则生活能泰然而自在，现在我们以"空""静""心""悟"四个字，来谈谈一个字所涵盖的无限义理：

第一，万变的道理在于一个"空"字

世间的千变万化中，"空"的变化最大，就如一个房子因为有空间，所以我们可以自由地摆设物品；儿童，因为纯洁如白纸，所以可以形塑出大人们所教授的才能。"空"就像"0"一样，虽然什么都没有了，但是如果在"0"的前面写上一个"1"字，就成了"10"，以此类推，它可以加到无限大。人亦如此，刚出社会或一时的失意，就如"空"一样，只要肯努力、肯付出，其未来的成就是万变无穷的。

第二，动荡的终结在于一个"静"字

世界上无论什么事情，最后终归于一个"静"字。生命的生灭流转、器界的成住坏空、万物的聚散离合,不都说明"天下没有不散的筵席""万物终归于静"吗?所以一切事物的好好坏坏总会过去,对于眼前的失败,不可一溃不起;对现前的成功,亦不可得意忘形,因为不论世间如何动荡,万法如何差别,因缘的散去、改变,终归回到原始之点。

第三,最广的境界在于一个"心"字

人的身高有五尺、六尺,心在整个身体的比例里,是微不足道的。但是宇宙、法界都在我们的一心之中,所谓"心包太虚,量周沙界"。虚空可以包容万物,我们的心就跟虚空一样,可以包容国家、包容全世界、包容整个星球,所以最广的境界就在我们的一"心"之中!禅门公案说:"万法归一,一归何处?"就在我们的"一"心!所以心外的空间不必去占取、执着,因为我们心内的世界比心外的空间更大!

第四,自在的生活在于一个"悟"字

生活的最高境界,就是要随缘、随喜、随分,要自在、安然、解脱,这样的生活,就建立在一个"悟"字之上。一个有悟境的人,他能不受物质的丰缺束缚,他的喜乐不因为贫富而有变易,就如慈航法师说:"只要自觉心安,东西南北都好。"所以,有"悟"的生活,就是纯真洁净、自然洒脱的生活,是随缘自在、轻安自如的生活,所以,我们每个人都应该让自己的生活,有一个"悟"境的随心。

《佛光菜根谭》说:"万贯家财,不如一技在身;满腹经纶,不如一善在心;高谈阔论,不如一言九鼎;长篇累牍,不如一字千金。"所以,一个字,可以作为自己向上的动力,也可以作为调整心性的推力。

卷三 | 如何日日增上

初学的人要增广见闻,才能日新又新;
入门的人要增加历练,才能更上层楼;
熟练的人更要洞悉远见,才能豁然达观。

忏悔的力量

忏悔,是佛教重要的修行法门之一。忏悔是一种反省的功夫,如同衣服脏了,要用清水洗一洗才会干净;身心肮脏了,必须要用忏悔的法水才可以洗净。忏悔表示认错,你看儿童认错了,父母就不会责罚他;甚至于犯了国家的刑法,法官判罪量刑之前,如果你有忏悔认错之心,也能把刑责减轻一点。忏悔有很大的力量,所以每个人要不断地忏悔,道德才能进步。关于"忏悔的力量"有四点:

第一,忏悔的明矾能洁净污浊

《易经》云:"履校灭趾,无咎。"人只要常常反省、忏悔、改进,就不会有过失。忏悔,就像将明矾投于一缸污浊的水中,污水经过搅拌,肮脏的部分就会沉淀下去。所以,忏悔像明矾投于污水,能去除自身的坏习性,能长养内心清净的种子。

第二,忏悔的针药能医治百病

佛教的经典将佛陀比喻为医师,佛法比喻为药方,所以忏悔就像针药,能医治众生的贪嗔愚痴。人人都希望把自己好的一面表现给别人看,坏的一面就想尽办法掩饰。其实凡夫众生难免会犯错,犯了错要勇于面对,并且真诚地忏悔,而不是一再覆藏。就如人的身体长了恶瘤,如能以利刃将它切除,则能远离病苦,进而恢复健康。所以,做了错事要能发露忏悔;忏悔即能清净。一个人能承认自己的错,才能得到别人的原谅,也唯有如此,才能洗净我们的身心,得到真正的清凉。

第三,忏悔的山泉能顿除干渴

忏悔就像清凉的泉水,当你走路走得又热、又渴,全身汗流浃背时,喝几口潺潺的流泉,清凉自在,暑气顿消,很快就能恢复体力。一个人犯了过失,心中的不安就如干渴之人,不得自在,所以人要从罪恶中重生,必须发露忏悔,才能去除热恼,还复清净。

第四,忏悔的导师能救护指引

忏悔,就是让人有重生的力量,忏悔,就是给人改过自新的机会。忏悔就像导师一样,在你"觉今是而昨非",真诚地发露忏悔之后,彻底断除恶念恶习,让你有改过自新的机会,且能肯定地迈向光明之路。忏悔在我们的心里可以产生很大的力量,它能让我们不断地再生、不断地更新、不断地进步。因此,不管任何一个宗教,都非常重视忏悔的修行。

因缘果报

"法不孤起,仗境方生",世界上的任何事物,都不能单独存在,也不是突然而有,必须靠因缘合和才能生起。例如忽然发财了,发财必有发财的原因;竞选公职受人拥戴,必然也有受人爱戴的因缘条件。所谓"如是因感如是果",任何事情的结果,都离不开因缘法,所以,我们必须正见"因缘果报"的关系。有四点说明:

第一,富贵从喜舍中来

同样是人,为什么有人富贵,有人贫贱?当你看到别人荣华富贵,你羡慕吗?你也想得到富贵荣华吗?可以,你要求富贵的话,首先要肯喜舍,从喜舍中才能得到富贵。只要你肯把欢喜、慈悲、利益喜舍给人,自然就会获得富贵的果报。

第二,家业从勤俭中来

勤俭是天然的财富,很多人家业有成,都是靠勤俭而来。过去有个老翁,勤俭持家,多年以后终于建了一栋房子。当新居落成大宴宾客的时候,老翁请工人坐在上首的位子,让自己的儿孙坐在下首。旁人不解,问明何故?老翁说:今天帮我建房子的是这许多工人,将来把我房子卖了的人,将是这些儿孙。意思是,儿孙不知一切得来不易，不知勤俭，终有一天会把家产挥霍殆尽。所以勤俭的人才能成家立业。

第三，善友从道义中来

朋友相处，贵在真诚；以诚待人，才能赢得人心。所以，你要结交好的朋友吗？首先要讲究信用、讲究道义；你能诚信待人，时时刻刻都行得正、坐得正，才能交到讲道义、存仁心的好朋友。

第四，宁静从淡泊中来

"紧张忙碌"，可说是现代人的生活写照，大部分的人每天无不分秒必争，忙于工作，但最终却发现，不知人生所为何来！所以，在熙来攘往的生活里，每个人每天都应该有一点属于自己的生活，享受一下"宁静"的人生意味。假如希望求得宁静，首先要有淡泊的性格，不要一味地追求虚荣、恋慕繁华；从淡泊里才能享有真正的宁静。

"菩萨畏因，众生畏果"，菩萨知道有因必然有果，因此慎防于始；凡夫众生总是等到结果产生了才后悔，才会畏惧。甚至不种因，却希求果报，这都是愚痴、无明的表现。所以人要有正见，要懂得因缘果报的道理。

察言应对

我们想要认识一个人,第一步就是要先懂得察言观色,也就是先了解他说的话,再看看他的样子,慢慢的,我们就会对这一个人有所了解。清朝李鸿章,带了三个人求见他的老师曾国藩,请老师分配职务,刚巧在庭园遇见曾国藩从外面散步回来。进入室内,曾国藩笑着对李鸿章说:"不用再召见了,右边那位,垂首不敢仰视,可见他恭谨厚重,可以委派后勤补给的工作。中间那位,表面毕恭毕敬,待我走过以后,立刻左顾右盼,是个阳奉阴违的人,不可重用。左边那位,挺直站立,双目正视,不亢不卑,是个大将之才,应予以重用。"

曾国藩是这样观人,那么,我们要怎样察言应对呢?有四点:

第一,人出巧词,以诚相接

有的人会以他的智慧、巧辩,来跟我们交谈,假如我们词穷口拙,应对不上,没有关系,只要以诚恳的态度、诚挚的心意来回答,还是可以得到对方的接受。

第二,人出厉词,以婉相答

假如有的人以疾言厉色,给我们的呵斥,给我们的责怪,不要计较他的面色难看,语言苛刻。你以委婉、诚恳的态度来回答他,他的口气也会跟着你缓和下来。

第三,人出谑词,以默相待

当我们遇到有人说话不友善,给我们讽刺、戏谑的时候,心要沉静下来,不受动摇,不必开口。假如你以恶言相向,就会立刻失去风度,这是很划不来的。最好的方法是学习佛陀,以默相待。"默摈治之"就是佛陀对待恶人恶言的方法。

第四,人出责词,以礼相告

当一个人出言吐语刻薄无理时,你千万不能和他的相应计较,跟着他起舞,一刀一枪,一来一往,不必要!

你要用礼貌来相待,你做人处世的内涵,就在他之上了。

《逸周书》也提到,从一个人说话的声音,可以辨别这个人的性格。一、内心不诚实的人,说话的声音零零落落,支支吾吾。二、内心诚信的人,说话的声音清脆、节奏分明。三、内心卑鄙的人,说话的声音阴阳怪气。四、内心宽宏的人,说话的声音温柔和缓。如果我们能从认识人,进一步用人、处人,那么就有大智慧了。这四点察言应对的方法,可以参考。

净土世界

一般人都想"拥有",拥有财富、拥有房屋、拥有土地、拥有娇妻、美眷等。其实"拥有"也不一定好,"没有"也不一定不好,尤其我们可以"没有",来让生活增加一些清净,让内心少一些负担。"没有"什么呢?

第一,没有贪念的噪音

"贪念",让我们不断地"想要这样、想要那样",得到时便欢喜,得不到时便失落,心里的起伏忐忑,像噪音一样,喋喋不休地干扰我们,让我们不自觉地沉沦在苦、乐的境界里,无法抽拔。甚至,有一些人刻意满足你的贪欲,送这个、送那个,好让你掉进他对你"予取予求"的陷阱。假如没有贪念,就没有这些逢迎谄曲、趋炎附势,生活会超然许多。

第二,没有嗔火的热浪

"嗔",是对于违逆自己心意的人事物情境生起憎恚,使得身心热恼,不得平静的精神作用。很多人一定有过这样的经验,一发起脾气来,嗔火就像热浪一样袭击身心,不但不得自在,甚至坏了许多好事,无法挽回,徒增懊恼。佛法教我们用慈悲、包容可以对治嗔心,所谓"一心之嗔,千般为恶;一念之慈,万物皆善",息去嗔火,自然寂静清凉。

第三,没有爱水的污浊

爱有自私的,也有奉献的;有染污的,也有清净的;有狭隘的,也有宽广的;有愚痴的,也有超越的。如果爱得太复杂,爱得太执着,爱的对象不对,爱的方法不对,爱的观念不对,所谓"爱河千尺浪,苦海万重波",爱欲的大海,就会让我们沉没;污浊的爱,就会让我们痛苦。因此,要用慈悲升华所爱,用伦理净化所爱,用道德领航所爱,用善美成就所爱,用祝福加持所爱,才能真正得其所爱。

第四,没有邪见的垃圾

口里脏了要刷牙,身体脏了要盥洗,心里脏了也要清洗,如果知见不正成了邪见,就是心里的垃圾。好比拨无因果、恶不足畏、善不足喜,这些都是邪见。经典形容邪见种类之多,犹如稠林茂密交互繁生,令人难以解脱,所以说邪见稠林可怕。我们要用般若正见去除邪见,以因缘法破除邪见,去除邪见倒去垃圾,才有拨开内心迷雾,获得明朗自在的时候。没有噪音、热浪、污浊、垃圾,那就是净土世界了。

如何清净

衣服脏了要洗干净,穿得才舒服;环境要整齐清洁,才能住得愉快;能保持口腔的清洁,能减少病菌滋生,也会感觉很舒服;洗过澡,身体没污垢,特别清爽舒服。清净是愉快、舒服的原因。外在的污垢可以借由水来清净,内心的清净又该如何保持?

第一,举止真实无谄

我们的举止行动要实在而不曲躬谄媚。有些人碰到有权、有财势的人,就曲躬谄媚,对于没钱没地位的人,就摆出趾高气扬的姿态,傲慢无礼,这就是心不清净。《法华经》说:"我慢自矜高,谄曲心不实,于千万亿劫,不闻佛名字。"以不清净的心为人处世,处处有所亏欠,当然无法契入佛道。

第二,领众心行平等

不管是做家长领导一家,还是在职场上身为主管,总是要心行平等才会清净。对同事一视同仁,不存个人主观的偏见;对于种族、地域,不以自己的好恶选择对待;对于别人,平等尊重。不论男女,同等尊重,对于老少同等爱护,不分别种族、地域,不分同党别派。心行平等,才能清净。

第三,处事正念行空

当我们与人共事,要心存正念,不欺负人、压制人,不想沾别人的光。没有欺负人的念头,与我们共事者会觉得如沐春风;没有压制别人的念头,与我们共事者才能发挥潜能;没有沾光的念头,对方才能享受付出代价的光荣。古德赞佛说:"心包太虚,量周沙界。"我们也应勉励自己,让自己心净如太虚空,包罗万象。

第四,为人内外一如

如果一个人常常心想、口说与行动各有标准;或是对内一个态度,对外又是另个样子,久而久之会让人瞧不起。做人最讲究的是"内外一如""心口如一",我的心、言谈、举止都不相违;我对自己、对别人都是同等态度,如此不仅能赢得他人的尊重,自己内心也才会清净。我们常说:"人圆即佛成",一个圆满的人,他必是内心清净无伪,无谄曲不实,为人处世无差别对待,心口如一无相违之处。《胜天王般若波罗蜜经》也说:"菩提道者,所谓信心、清净心、离谄曲心、行平等心、施无畏心,令诸众生咸悉亲附。"

因果

我们常听人说因果、因果,每个人对"因果"的看法不一样,有的人相信因果,有的人不信因果;有的人畏惧因果,有的人无惧因果。甚至有人说:因果是佛教的专属教义。其实,因果是一个非常科学的理则,不管你信不信因果,它都是一个存在的事实;无论你信仰什么宗教,所谓"如是因,如是果",因果是放诸四海而皆准的真理。

因果的道理亘古不变,但是,面对因果的心态则因人而异。以下列举四种人对因果的不同反应:

第一,善人以因果为朋友

一个明因识果的人,肯定相信因果的必然性,他的一切行谊随时随地都不会离开因果的范畴,而能"不因恶小而为之,不因善小而不为",他时刻提醒自己"诸恶莫作,众善奉行"。因此,因果就如善友,提醒自己不能造作恶业;因果就如良朋,随时告诫自己以历史的报应实例为借镜,不能重蹈覆辙。所以,善人以因果为朋友。

第二,智人以因果为龟鉴

历史是一部因果报应的记录,人生是一出因果报应的演出。

世间的善善恶恶、好好坏坏，不管如何变化，都是在善恶因果之内。一般凡夫众生，总是不计一切地贪爱享乐，或是无明造作之后，才惭愧忏悔自己的过失，往往为时已晚。一个有智慧的人，为了免除恶报无穷，会以因果为龟鉴，他会慎防于因，让自己免受恶报之果。所谓"菩萨畏因，众生畏果"，就是说明智人以因果为龟鉴。

第三，愚人以因果为无稽

世界上有一些人，不相信因果的道理，他不认为做善事必得善报、做恶事必得恶报，于是为所欲为，放浪形骸、广造恶业。这类的人，我们视其为愚痴之人。愚痴之人因为不相信因果，任意造作，于是种下六道轮回的业因，所以一个人可以什么都不信，但是不能不相信因果。神通第一的目犍连，他的母亲生前不相信因果法，贪嗔邪恶，致使死后堕于饿鬼道中受苦。所以，我们切莫以因果为无稽。

第四，恶人以因果为仇敌

坏人讨厌因果，为什么？因为他知道作恶多端，必定会遭受报应。所谓"种什么因，得什么果"，这是因果不变的定律，所以恶人最怕因果，他以因果为仇敌。

因果是宇宙万有生灭变化的普遍法则，是维系社会秩序的法律。虽然我们每个人、每一天都生活在因果法则中，但是各人对因果的看法不同，从中也能看出一个人的智愚、善恶。

何谓净土

很多人问："什么叫净土"？净土是一块清净、安乐的土地，净土不一定在遥远以外的世界，我们这个人间也有净土，像环保做得好的国家，我们称它是"人间净土"。也有人问："净土是什么样子？"举例说，净土里的人，他们吃饭的筷子都是三尺长，搛一块菜，送不到自己的嘴里，就给对方吃，对方谢谢不已，于是我搛给你，你搛给我，相互感谢，彼此欢喜。但是，不是净土的地方，他们吃饭的筷子也是三尺长，可是老是送不到自己嘴里，也不肯送给对方，他就生气、骂人、嗔恨、自私，所以日子就不好过，像是在地狱一般。因此，佛教常讲"要建设人间净土"。到底什么是"净土"？有四点意见：

第一，酷暑严寒都好

禅师有谓："热到热的地方去，冷到冷的地方去。"天气热，你也欢喜，天气冷，也没有关系，乃至你对我"热"情相待，我会感谢你，你对我"冷"眼相看，我也礼貌尊重，这个世间，无论天气冷热、人情冷暖，都是无常，它没有标准，主要我们自己内心要有力量来适应外在的变化，只要你觉得"寒暑都好"，它就是一片净土。

第二,东西南北都美

有一个空间,就会有东、南、西、北不同的方向。有的人喜欢这里,不喜欢那里,有的人喜欢这边,不欢喜那边,买栋房子,要看地理,摆个办公桌,要选方位。其实,只要你自己心里能适应环境,适应当下生活,如同慈航菩萨所说:"只要自觉心安,东西南北都好。"就会感到无论东西南北各方位置,都是很美好的。

第三,高低上下都妙

这世间有高山,有水洼,有河流,有海洋,高山有它的巍峨气势,河流有它的曲折蜿蜒,海洋有它的壮阔无边,能欣赏山河大地高低曲折,奇特景致,就会觉得大自然奇妙无比。同样的,人生也会有高低起伏、上场下场,它没有永远处于巅峰,也不会永远低潮,放宽眼界,放下包袱,体会生命的转折变化,就会感到人生的美妙。

第四,人我界限都无

世间上所以有苦,就是由于人我之间太过认真算计、太过执着分别。假如生活中,能跳脱对立,打破人我界限,不计较、不比较,甚至视人如己,你就是我,我就是你,同体共生,待人处事的境界,就会大大不同,我们在人间的生活,就会非常的美满了。

从欣赏自然寒暑,到适应世情浓淡;不分别地理方位,明白处处好风好水;不轻高低上下,尊重一切族群、阶层;人我没有界限,体会互存互依的因缘关系,做到以上四点,人人身心安顿,那就是和乐相敬的"人间净土"了。

菩萨的作为

一般凡人,只要发心立愿,皆可以成为菩萨。不过,如同我们求学、读书,必须经过小学、中学、大学的学习,才能进入硕士、博士学位,菩萨也有很多层次,首先要发心,再精勤不懈地修行,功行才能不断升华。菩萨有菩萨的行为作风,要如何学习呢?以下四点提供:

第一,发菩提心

所谓菩提心就是发"上求佛道,下化众生"之心,因为有愿心才能成就;菩提心具有发愿增上的力量。初学的菩萨要学习发四弘誓愿、四无量心;要发"但愿众生得离苦,不为自己求安乐"之心;要发先人后己、先众后我之心。世上没有天生的弥勒,也没有自然的释迦,以菩提心作为成就道业的基石,才能有大愿大行。

第二,行正勤事

何谓正勤事?就是精进勤奋于行好事,也就是佛门里的"四正勤"。未做的好事要赶快完成,已行的善事要不间断地精进持续,如钻木取火,不可中途停顿。生命只在呼吸之间,有心修道或行善,要把握因缘,不可蹉跎、懈怠,要精进为善,学习菩萨的众善奉行,以及积极作福、进德修业、贡献社会的勇猛力。

第三,观般若慧

般若非外来知识,它是众生的清净光明本性,是众生的本来面目,惠能大师说:"一切般若智,皆从自性而生。"修行不是光看别人,要时时反观自照,检讨自己的过失,看取自己本心的般若自性,探究自性的本源,才能认清事情的真相。平时更要用智慧来判断处理各种事物,不为假相迷惑而患得患失,如同菩萨之妙用般若智慧,不但自己生活自在,亦能利益众人。

第四,耕大悲田

人人都有一亩心田,田里撒下什么种子,将来就长出什么果实。看到众生受苦穷困,我们应该布施他、帮助他、慈悯他,像菩萨一样济世行慈,视众生苦难为自己的苦难;有度众生而不望回报的大悲心,才是真正耕耘心灵的悲田。

我们是初发心的菩萨,要以上位菩萨为见贤思齐的对象,如果能学习菩萨的作为,并应用于日常生活中,人生就会妙用无穷。

菩萨的精神

《现观庄严论》说,菩萨他"智不入诸有,悲不住涅槃",与众生同处生死烦恼大海,以大悲大舍的利济之心,勇猛精勤,修行不懈。因此,菩萨不是泥塑木雕、供在佛殿里让人礼拜的偶像。真正的菩萨,是在这世间发菩提心的修道者,是一位如你我般活生生、活泼泼的人,只要发心,你我皆可成为菩萨。"菩萨的精神"是什么呢?下列四点意见:

第一,对五欲不舍不避

"五欲"是财、色、名、食、睡。对五欲,有人过分贪求,沉迷不起,有人却视为毒蛇猛兽,避之唯恐不及。其实这两者都有失偏颇,所谓"色不迷人人自迷,酒不醉人人自醉",对五欲,不必舍弃也不必远避,利用五欲,一样可以普度众生,好比维摩居士,在热闹场中作道场,在五欲里更能看出他的道行。

第二,对魔王要不惊不怖

凡是扰乱、破坏、障人好事、断人慧命的,皆称为魔。在这世间修道,常常遇有障碍、破坏我们修道的魔。遇到魔难时,不要怕、不要畏惧,鼓起精神勇气来,为自己加油打气,努力克服难关。"行正不怕人来谤,心正不怕魔来烧",只要我们有正当的思想,有正派的观念,有正见的思维,有正命的生活,没有无法降服的魔。

第三,对困难不退不怯

在人生的旅途中,有各种关卡:名关、利关、生死关,关关难过。一位真正的修道菩萨,遇到困难关卡,会视为考验,不生退怯。不管是苦是乐,一位修道菩萨都会随遇而安、随缘生活。中国教育家蒋梦麟曾说:"做事时,困难不成问题,危险不成问题,所患者,无伟大之精神矣。"这正是菩萨精神的最佳写照。

第四,对生死不疲不厌

常有些修道人说:"我要了生脱死",为什么呢?因为他感到人生如萍,在生死里漂泊,感到很辛苦。其实,生者死,死者生,生生死死犹如薪尽火传,生命是不死的。真正的菩萨,会从世间缘起去观照,懂得生死一如,在生死里度众,对生死不会感到厌倦。

《菩萨地持经》说:"菩萨种性,发菩提心,勤行精进,则能疾成阿耨三藐三菩提。"众生无穷无尽,但菩萨却能精进勇猛,持续不退,这正是转凡成圣迈向成佛之道,也是大乘菩萨的具体实践。

持戒之诫

戒律如同法律,是行为指标、团体规矩,也是道德行仪风范。守戒就是守法,人人守法,社会有纪律,国家就容易富强康乐。持戒者让人尊敬,但也有几项应该避免:

第一,以戒自我标榜

持戒的目的是斩断烦恼,去除痛苦,不但净化自己,也净化团体。但是有些人不懂戒律的根本精神,以持戒来自我标榜,甚至以此求得信徒供养,就违反佛道了。唐朝道宣律师创立律宗,承袭佛戒律仪,近代弘一大师严持净戒,他们不自我标榜,反而自然地受到世人的推崇。戒律道德不仅让佛教代代相承,也是维持社会和平,提升人类品格的力量。

第二,以戒责骂他人

持戒原本能得清净,但是有些人持戒,常常看不惯他人,指责这个不对,批评那个不如法,甚至用戒条来骂人,忘记持戒以不侵犯他人、饶益有情为宗旨,反而常生嗔怒,把原本清净的圣法,变成了世俗法。我们要体会持戒的殊胜,先要降伏自心,长养柔软清净心,做到莫论他人长短,他非我不非,才能身口意清净。

第三,以戒要求别人

戒律是佛陀随缘而制,因地制宜而说的。时代不同,民情风俗迥异,自然也会有适应时代的新规矩,只要不违根本,也不必太过执着。但是有些人,专门研究佛制戒条,以此来要求别人,一开口讲得头头是道,自己却无半分做到。持戒的态度,应该是自己持好最重要,别人的做法如何,不必妄加批评,重要的是以"戒"来清净心灵,开发智慧,斩断葛藤束缚,达到圆满的人生。

第四,净戒毁犯不守

戒律是做人的基础,无论受或不受,触犯了都同样有错。戒律是一切善法的根本,可以摄受诸善法,长养诸善根。但是有些人不了解持戒的精神,担心受了戒会自我束缚,其实受了戒才是真正的自由。关在牢狱里面的人,不都是犯了戒,身系囹圄,才失去自由吗?而且不只今生不自由,来生还要堕落地狱,更不得解脱。持戒是持心戒,意念清净最为重要,而人间佛教重在受持菩萨戒,更应以慈、悲、喜、舍四无量心戒,悯念一切众生,广度一切众生。

平等法

人都希望获得别人的平等对待，但世间事本来就有很多的不公平，例如国与国之间，有大国小国的不平等，种族和种族之间，有肤色与阶级的歧视等。其他如智愚之间、贫富之间、男女之间，都难以平等，因此常有"不平则鸣"的申诉。

佛法是讲究平等的，所谓"佛与众生平等无二""四姓出家同一释氏"。我们如何从世间法的千差万别中，把大家归到平等里呢？有下面四点意见：

第一，不以智愚计优劣

一个人的成功不在于智慧高低，而在于努力的多寡与机缘的成就。例如爱因斯坦小时候被老师认为是智障儿，后来因为他对"知"的追求，以及不断探索"不知"的领域，因而解开了宇宙间时间与空间的问题。其实，在一般人当中，即使是经由医学认定的智能不足者，我们也应该尊重他们人格的尊严，如智障儿等一些心智障碍者，他们自力更生的精神，难道比不上一位心智健全，却不事劳作，整日游手好闲，甚至偷盗淫荡者强吗？所以，一个人的优劣，不能以其智愚来论定。

第二，不以贫富别高下

人的尊卑，不能以金钱贫富来评定，更不能以其外貌来评价，如孔子说："吾以言取人，失之宰予；以貌取人，失之子羽。"一个人，只要肯上进，贫贱只是人生的小插曲，如清朝的红顶商人胡雪岩，以及钱王王炽不都是出身贫寒，经由自身努力而致富的吗？所以人的高下，不能以贫富来论定。

第三，不以贵贱定尊卑

《红楼梦》云："荣辱自古周而复始"，这是说明人没有永远的工人或是永远的总统。即使一时间职务有贵贱之别，但并不代表身份的尊卑，因为即使是一名清洁人员，或是挑砖的工人，都是社会上不可缺少的职业。齐白石说："乌衣纱帽俨然官，推倒原是泥半团"，乌纱帽代表着一个人的官位，但是乌纱帽底下的人，在本质上与众生是没有两样的，所以一个人的尊卑，不能以贵贱来论定。

第四，不以利害分人我

《法句经》说："胜则生怨，负则自鄙；去胜负心，无争自安。"一般人经常喜欢以比较的心来与人争胜负，人一旦有了一较高下的心，就会有谁好、谁劣的分别，而有争名、争利的冲突；反之，如果我们有群我的观念，就能相互尊重，彼此成就。自古以来一些军师权谋、纵横策士，在人我斗争间耗费心力，而今这些诸子百家的胜负与今何干？所谓"万里长城今犹在，不见当年秦始皇"，所以我们不要把人生的大好时光浪费在利害得失上，更不要以利害分人我。

人，只要没有计较的心，就不会有争执；对一件事情的处理公平不公平并不重要，重要的是自己的心平即可。

何谓法会？

人与人相聚的因缘很奇妙，形式也是五花八门，不过，有一种特别殊胜的聚会，是以"法"相"会"，也称为"法会"。什么是法会呢？

第一，以法为会

一般人以为，法会就是到寺院里参加某种宗教仪式，其实这只是狭小的一部分。法会，是以真理集会大众，大家聚在一起，彼此交流，听闻、体会佛陀所说的法义。它不仅仅限于宗教仪式，它也可以是一场讲演、读书会、讨论会、联谊会、禅坐会等等，不论任何形式，让参加者对真善美的道理有所吸收，有所获益，就是一场法会。

第二，以法为师

有些人拜师学艺，这是以人为师。佛教讲"依法不依人"，是要我们以真理为师。以法为师，让我们找回内心本有的清净真如佛性；以法为师，可以和宇宙万有交融，提升内在的精神、思想、观念、见解；以法为师，它开通我们的生命，让我们离苦得乐，转迷为悟，让我们去缠缚、得自在。

第三，以法为轨

以法为轨，能够让我们对宇宙事物有所了解，认识它的准则、规范。好比一朵花、一棵树，有它成长的规则；一桌一椅、一人一事，乃至一个念头，有它缘起生灭的规则。一个我行我素的人，经常为人所诟病，因为他不懂得与人相处的规则。参加法会，以法为轨，能悟出道理，人人以法为轨，能与人融和相处，人际关系和谐，社会安乐，世界可致和平。

第四，以法为乐

学习佛法，能看清世间真相，生灭轮转、生生不息，一切都是缘起法则。看透生命，执着能够放下，痛苦能得解脱，颓丧能再提起，懈怠能转为积极，此即所谓"有佛法就有办法"。有了法乐，不会耽溺在财色名食睡五欲的短暂快乐。享有法乐的人，身体轻安，内心安宁，肯定生命存在的意义，不论贫富贵贱，都很自在。

与法相会，让生命增加内涵，领悟生命的喜悦；与法相会，让生命与真理交流，感受生命的美好；遵循生命的规则，智慧自然从心中流露。

如何日日增上

《礼记·大学》云:"苟日新,日日新,又日新。"许多人都会自我期许、自我勉励,希望能够日日增上,有所进步。如何在生活上增加一些助缘,让生命每天有所增长?以下四点参考:

第一,礼佛更要学佛

礼佛可消除业障,增加福慧,另一方面可以制伏我慢,庄严身心。礼佛不只是口头说说,或身体拜一拜,进一步要以一颗诚恳的心,学习佛菩萨的言行,修正自己身口意,才能获得学佛的益处,成为一个行事端正、心意善美的人。更甚者,能够扩大心胸帮助他人,自他增上,一起圆满人生。

第二,读经更要讲经

有人欢喜读经,却不了解经里的意涵。要了解经义,可以透过讲说来明白。像佛陀的弟子罗睺罗修行很久都没有开悟,他的老师舍利弗要他把五蕴、十二因缘的道理讲给别人听,讲了几次后,他就开悟了。讲经必须自己先下功夫,才能穷通经文的内涵,会比读经更深入体会。因此读经之外,更要讲经。

第三,念善更要行善

经常听到有人说:"我心好就好了,为什么行善?"心好很好,但这是不够的。就像有再多的理想、再周延的计划,不把它付诸行动,一切的理想、计划都是空想。因此,拥有善念,再加上实际行动,这份善心才能发挥出来。观世音菩萨有大慈大悲的愿心,更能千处祈求千处应,所以它能慈悲度众,日积月累,成就了菩萨道。

第四,修心更要发心

人之所行,心之所向,我们的言行,都是心念所引导,所以说修行要先修心。修心更进一步要发心,立定目标,例如发心做百件好事、发心与人为善、发心慈悲喜舍、发心解行并重,只要你肯发心,用行动做更多利益他人的事,生命会更广阔,更有意义。

《杂阿含经》:"鄙法不应近,放逸不应行,不应习邪见,增长于世间。假使有世间,正见增上者,虽复百千生,终不堕恶趣。"每个人都要正确地学习,初学的人要增广见闻,才能日新又新;入门的人要增加历练,才能更上层楼;熟练的人更要洞悉远见,才能豁然达观。

妙因妙果

"法不孤起,仗境方生",世间上无论何事、何物,都不可能单独存在,也并非突然而有,都是靠因缘合和所生起。所谓"如是因、如是果",凡事有了微妙的因,才能生起微妙的果。所以"妙因妙果"有四点说明:

第一,静能生悟

人,莫不希望自己能够聪明有智慧。怎样才能把自己所学的知识,透过体悟转化为智慧呢?佛经云:"菩萨清凉月,常游毕竟空,众生心垢净,菩提月现前。"江水映月,必得水清而宁静的时候,月亮才能显现江中。人,往往在静下来之后,心中的杂念妄想摒除了,一些过去的人事,就会慢慢浮现出来,甚至已经遗忘的事物,也会忽然记忆起来,所以佛教讲"戒、定、慧",经由静定的功夫,才能生出智慧,因此"静"是"悟"的妙因。

第二,熟能生巧

"万事起头难",凡事只要经常演练,就会熟能生巧,变成专业。就如学骑自行车、学习游泳,以及乐器弹奏、计算机操作等,练习久了,技术就能纯熟。甚至读书也是一样,读熟了,书里的文词就能琅琅上口,而且在日常生活中,也会不经意地想起书中的文义。正如苏轼所说:"旧书不厌百回读,熟读深思子自知",这都是说明"熟"是生"巧"的妙因。

第三,勤能生有

《左传》云:"民生在勤,勤则不匮。"人只要能勤劳,就不会贫穷,只要能勤劳,就不怕一事无成。读书也是如此,只要能"勤",就能知识广博,所以"勤"可以制造财富,"勤"可以积累学问。贝多芬说:"只有勤奋不懈才能够获得技巧",所以世间任何一件事情,只要有"勤",必能有所成就,只要有"勤",就能荷囊满丰,所以"勤"是"有"的妙因。

第四,喜能生乐

每天的生活,如果我们能见到人就欢喜,遇到事也欢喜,在任何环境里都欢喜,如布袋和尚的"满腔欢喜,笑开天下古今愁",就可以将欢喜散播给人。欢喜就像蜡烛一样,只要你把火点燃,就能带来光明;欢喜就像太阳一样,只要一经照射以后,就能破除寒冰。白居易说:"不开口笑是痴人",因此我们要能常怀欢喜心,让生活中充满欢喜,如此人我之间,必能充满欢乐,生活自然就会快乐,因此,"喜"是"乐"的妙因。

谚语云:"种瓜得瓜,种豆得豆",胡适也说:"要想怎么收获,便先怎么栽。"

如何做功德

虽然社会事件层出不穷,或抢、或偷,无恶不作的事不断在媒体上报道,但是仍然有许多人,希望能做一点好事、发一点善心、做一点功德,与人广结善缘。功德的范围很广泛,"如何做功德"有四点:

第一,以物质金钱来做功德

过去佛教设有磨坊、当铺,乃至施茶、修桥等,以利益众生;近年来,佛教徒也会以物质金钱做功德,支持各地道场发挥弘法利生的功能,如举办文教活动、慈善救济等。另外,现代人工作忙碌,不仅参加各种公益活动,有的人也会把平时的储蓄挪出一部分,作为善款布施;或以物质资助生活上有困难的人。小小布施,对布施者而言,不算什么大事,但如同"贫女点灯"一般,一钱布施,同样获福无量,功德一桩。

第二,以服务奉献来做功德

所谓"有钱出钱,有力出力"。今天社会上,有一种善良风气是很可贵的,即不少人会到各个机关团体去担任义工,到医院里做义工,到寺院里做义工,甚至到学校里担任爱心妈妈;到沙滩、山林、公园里、大街小巷去扫地、清理垃圾等等,都是以服务奉献来做功德。

第三,以语言赞美来做功德

有钱,用得不当会造罪;出力,你出力、他出力,也没有那么多事情可以做;因此,比出钱、出力更高一层的功德就是语言赞美。说好话不怕多,一家说好话,家庭和乐;人民说好话,国家安定;全世界的人都说好话,世界则能祥和欢喜。在众多功德中,以语言赞美最为重要,例如普贤十大愿中的"称赞如来";佛弟子以梵呗唱诵赞叹佛法僧三宝;甚至每部经后面都有一段"欢喜赞叹,信受奉行,作礼而去"等字句;释迦牟尼佛比弥勒菩萨早成佛,就是多修了赞叹功德。不必花任何金钱、力气,就能做功德自利利他,是多么经济实惠。

第四,以心意祝福来做功德

或许你说我没有钱,不会做事,也不会说话,没关系,别人做好事时,我心里欢喜,就是最大的功德。在所有功德中,以心的祝福,功德最大,因为物质的布施功德,是有形、有相、有量、有边的,而心的祝福却是无形、无相、无量、无边的。比方说:"在三宝加被下,希望你健康快乐""诚心希望你福慧双增"等,乃至别人做功德,我们心存欢喜赞叹,这也跟对方一样具有同等的功德。

因此,做功德不光以金钱布施为第一,要能有所提升。

如何佛光普照

这世界上,黑暗需要光明,动荡需要安稳,苦难需要喜悦,烦恼需要解脱,才能获得幸福安乐。维摩诘居士说:"随其心净则国土净",要创造这样的人间净土,有赖于我们建设美好的身心世界,散播慈悲,广结善缘,让佛光普照世间。如何佛光普照呢?

第一,广作宣传,让人了解

现在的社会里,公司行号开幕、公职人员选举、文物图书流通,乃至各级学校招生等等,都要靠宣传。其实 2 500 年前,佛陀就重视宣传功能,所谓"出广长舌相,遍覆三千大千世界",无一不是让众生了解真理,同沾法益。如今,我们更要将正信宗教的清净、善美、利行,借宣传之力广为弘传,接引大众入正法,提升心灵建设,促进社会净化。

第二,举办座谈,增加沟通

在佛教里,许多的经典,都是由佛陀与诸弟子的相互问答中产生。现在更是一个民主的时代,光是一味要求别人听自己讲话,不但不能引起共鸣,也提不起他人聆听的兴趣。

只有座谈,是增加沟通、凝聚共识的最好方法。从座谈中,学习倾听他人的意见中,了解他人的需要、尊重别人的看法;从座谈中,学习表达意见、协调,进而解决问题。借由座谈,增进人与人的互动沟通,扩大自己的视野。

第三,家庭普照,主动争取

以往想要听闻佛法,都要跋山涉水到深山古寺请益。如今,家庭普照的方式,可以邀请左右邻居、亲朋好友一同参与,在没有距离的交谈、没有讲演的拘束中,谈论佛法、联络友谊,彼此交换心得、信息,把佛法融入生活,带进家庭,带给亲友,在佛法的体验中,增加信心,达到净化身心之效。

第四,扩大服务,利乐领导

印度佛教时代,佛陀与诸弟子借由行脚托钵的方式,深入社会,了解民情,为众说法。如今,我们更要扩大服务、利乐有情。明朝优昙和尚说:"外则修福,慈悲方便,柔和善顺利济世间。见一切人,平等恭敬随机说法,教化众生行一切善。"借由参与福利社会之事,如爱心妈妈服务、急难救助、友爱服务、医院义工、考生服务,甚至交通服务等等,不仅扩大一己生命的价值,也接引了同样热心善良的人一起行善,增进社会温馨、善美。

所谓"人能弘道,非道弘人",大家以上述四点方法,敞开胸怀、主动付出,必定能够让"佛光普照三千界,法水长流五大洲"。

苦行的次第

大半的人都喜欢尝甜头,不喜欢吃苦头。可是,一个人的成就,常常都是从血汗、辛苦、委屈、忍耐、受苦中,点滴积累而成。像读书人要经过"十载寒窗无人问",才会"一举成名天下知";科学家经年累月在实验室研究,种种实验、忍受失败,一次又一次重来,等到发明了,甚至得奖了,可以造福人类苍生。一般学技术,至少要三年辛劳才能出师,而宗教家从淡泊中陶冶自己、磨炼自己,也要经过好几年的养成,这些都是一种苦行的精神。苦行的次第有哪些呢?

第一,身体的劳顿

孟子说:"天将降大任于斯人也,必先苦其心志,劳其筋骨,饿其体肤,空乏其身,行拂乱其所为,所以动心忍性,增益其所不能。"意思就是先磨炼这个身体,让它劳苦。像在佛教里,拜佛,一拜就是几百拜、几千拜,一坐,就是盘腿几个小时,乃至煮饭扫地,一做就是多少年。身体上的劳顿,可以增加心性的力量。

第二,口腹的饥渴

身体劳顿以外,有时候还要忍受肚子饿,口里渴,没有好的吃、没有好的喝、没有好的穿、没有好的睡,能忍受得了口腹饥渴,可以增加精神毅力与耐力。佛教不执着无谓的苦行,但适度地勤苦、忍耐,也是祛除烦恼、舍离贪着的法门。

第三,逆境的承受

所谓"道高一尺,魔高一丈",无论学习、修行,到了一个阶段,常常有一些不顺的境界会来考验,你要能承担、要能承受,承受得了,你就能突破,更上层楼;千万不能灰心丧志,不能怨天尤人,不能退失信心,否则功亏一篑,那就可惜了。

第四,有无的喜舍

喜舍是一件美好的事,可以自利利他,增添人间善美。尤其人的一生里,有把东西布施给人的经验,你更会体会到它的美好。"有"的时候,要能喜舍,"无"的时候,虽然自己都穷困了,更要能喜舍,甚至我的器官,都可以毫不吝惜地喜舍布施,会有不同的境界。

所谓"不是一番寒彻骨,怎得梅花扑鼻香",苦行是每一个人成功的必经过程,无论是什么人,都应该接受苦行的磨炼。正如松柏必须受得了霜寒,才能长青;寒梅必须经得起冰雪,才能吐露芬芳。如果不经过苦练、不经过苦磨,是不能成功的。

以上四点苦行的次第,可以作为我们自我训练、自我成长的方法。

修行的境界

在台湾,信仰佛教的人很多,甚至于世界上,信仰佛教的人口也慢慢在增加。我们常会听到人家说:哪个人很有修行、哪个人很有境界……所以,信仰佛教最重要的就是修行,要将佛法落实在生活中,才能获得佛法给予的利益。"修行的境界"有四点意见:

第一,念佛要念得与佛同在

佛,不只有西方极乐世界的阿弥陀佛,也不只有2 500年前在印度菩提树下金刚座上成道的释迦牟尼佛。人人皆有佛性,不管你念的是哪一尊佛,都要期许自己能念到"佛就是我""我就是佛"的境界,念到与佛同在,则一切烦恼尽皆消除。憨山大师说:"念佛容易信心难,心口不一总是闲;口念弥陀心散乱,喊破喉咙也徒然。"因此,念佛要有信心,念到物我合一,就能与佛心接轨。

第二,拜佛要拜得与佛共存

拜佛,拜什么佛呢?拜本心的佛。拜佛要把自己内在的佛性拜出来,才能升华心灵;拜佛要将佛祖拜到心中,才能与佛交流。礼拜虽是拜在地上,但是人格尊严从此更升华。心中有佛,眼睛所见、耳所听闻都是佛法;心中有佛,行住坐卧都能如佛的庄严威仪。

因此，拜佛要将欢喜心、清净心、慈悲心拜出来，才能与佛共存。

第三，布施要施得你我泯灭

人生存在世间上要懂得布施结缘，不但自己有欢喜，还要将欢喜带给别人；不但自己有能力，也要助别人成就。布施的时候，心中不能存着"我是能布施的人""你是接受布施的人"的想法，如果存着这样的想法，就有我大你小、我好你差的偏见了。所以，布施要施得你我平等，没有你我的分别观念存在，才是施得你我泯灭。

第四，参禅要参得真性现前

参禅修定是佛教的重要修持法门，透过禅定的功夫，可以显发人人本具的真如佛性。不管是打坐，或是搬柴运水、穿衣吃饭都能参禅。参禅若能参得明心见性，就是找到自己、认识自己了。因此，参禅的人要有智慧、要有灵巧，心中要能包容万有，才能参得真性现前。

修行不能只是嘴上说说而已，要付诸实践；有行动，才有因缘与佛心相应，也才有所谓的"修行境界"。

境界来临时

我们每天张开眼睛后,生活的二六时中,总会面临许多不圆满的境界,欢喜或不欢喜,高兴或悲伤,总会惹得我们身心纷扰难安。究竟临事对人时,应抱持怎样的态度呢?以下四点提供参考:

第一,出口伤人时要懂沉默

孙子云:"伤人之言,恶如利刃。"恶口如同一把利刃,不仅刺伤他人,也割伤自己。因此,说话应懂得恰到好处、适可而止,切莫因失言而取祸。相对的,面对他人恶言相向时,也要懂得沉默。沉默不是消极的抵抗,而是背后必有平静的勇气相伴,所以不会与之共舞。《荀子》有云:"言而当,知也;默而当,亦知也。"当沉默时应沉默,勿逞一时之快,酿成更大的伤害。

第二,对方无理时要能容忍

人我相处上,不免遇上无理的人,这时唯有容忍以待,才是最上策。《愿体集》说得好:"世间无一处无拂意事、无一日无拂意事,惟度量宽宏,有受用处。彼之理是,我之理非,我让之;彼之理非,我之理是,我容之。"诚然如是,对无理的人,何妨多些宽谅,多些容忍呢!

第三，别人受难时要能体恤

佛教经典中，时常见到佛陀对卧病的弟子端药倒茶，对愚笨的盘特关怀爱护，雪中送炭的关心，总能让人得到鼓舞，振奋心志。所谓"贫在闹市无人问，富在深山有远亲"。锦上添花固然有它的需要，然而体恤受难、失意、挫折的人，给予一臂之力、一句鼓舞的话、一些适时的探望，无疑是给予对方一剂强心针。

第四，不幸来临时要有勇气

生命中必定有挫折、灾难时，在怀忧丧志时，在失落沉闷时，沮丧、不幸时，何妨来反思一下，如何提振信心与信念。古德有言："从地倒还从地起，十方世界任悠游"，挫折来时，提起勇气不畏缩，发心立愿不放弃，勇敢面对境界，问题就能迎刃而解。

做人处事向来是一门难修的课题，也正如此，可以考验我们内心面临境界的力量有多少。能退一步的人，他的世界必定宽广；能为他人着想的人，定能赢得大家的尊敬；抱持"你对我错、你大我小"的态度，则事事自能化险为夷、转危为安。以上四点，是境界来临时面对的好方法。

如何超脱

每个人都希望能够超越束缚,比方说小时候希望赶快长大,在学校读书希望快点毕业,进入社会则冀望能够升官、发财。于是,有些人会觉得自己的一生,都被世间的课业、名利、金钱、感情等种种枷锁紧紧束缚,不能自在。如何超越这一切呢?

第一,勘破生死,就没有恐怖

人有生老病死,世界会成住坏空,这是天地万物运行的常道,因此,生死是人人都免不了的问题。尤其面对"死亡",大多数的人都因未知而恐惧,或者以"不知生,焉知死",来拒绝谈论。其实死亡如机器的汰旧换新,四季的递嬗转化,尽管肉体会衰败,高贵的精神情操,却是永远不死的,若不能了解生死痛苦的原因,并以正确的态度面对生死,自然无法"远离恐怖"了!

第二,勘破荣辱,就没有得失

人活在世界上,必定要面对荣辱得失的考验,得意时固然尊贵荣耀,一旦失意也不必患得患失、自我否定。禅门偈云:"风来疏竹,风过而竹不留声;雁渡寒潭,雁去而潭不留影。"世间荣辱贵贱无常,对荣辱太计较,就受荣辱所牵制;对得失太计较,就被得失所桎梏。禅者知道荣辱苦乐的虚妄性,所以,毒箭恶语伤毁不了,毁誉荣辱动摇不了,而能"八风吹不动",悠然自在,放旷逍遥。

第三,勘破贵贱,就没有分别

嫌贫爱富、希贵恶贱,这是人之本性。对贫富贵贱有那么多的分别妄想,就不容易安于本分,日子当然不会好过。我们不能以外在条件来衡量生命价值的高低。只要自己肯进德修慧,勤劳上进,人格自然高贵富有了。

第四,勘破利害,就没有颠倒

我们生活在世间,总是有利也有害,大部分的人得到利益时很欢喜,有了一点伤害或吃了一点闷亏,就烦恼不已;每天在利害得失里七上八下,不能安住。如果我们能以平常心,面对迎面而来的利害关系及各种人事物,就能远离颠倒妄想,而获得内心的安定。

荣辱、名利、得失、欲望就像一个过重的皮箱,把它放下,才能得到轻松自在。对世间很多事情,我们要学会参透、看破,能够做到生死不恐怖、荣辱无得失、贵贱不分别、利害不计较,才能够超脱,才能得到快乐。

何谓威仪

佛陀三十二相、八十种好，摄受众生，菩萨身相庄严，为人敬仰，甚至佛经中记载比丘相貌合仪而度人修道，由此，佛门非常注重威仪。所谓"举佛音声慢水流，诵经行道雁行游；合掌当胸如捧水，立身顶上似安油。瞻前顾后轻移步，左右回旋半展眸；威仪动静常如此，不愧佛门修行人。"足见个人行仪可以展现内在的气质与德行。何以称得威仪具足？有四点：

第一，衣冠必整

孔子说："君子不可以不饰，不饰无貌，不貌无敬，不敬无礼，无礼不立。"中国人的穿着观念里，视衣冠为礼仪象征。所谓"人靠衣装，马靠鞍装"，仅仅一袭衣裳，足以显现人品和地位。尤其在今日社会，与人往来，参加集会，"正其衣冠"更是一种礼貌。反之，穿着邋遢，不修边幅，不但有失礼仪，也无法获得他人敬重。

第二，容貌必庄

所谓"女为悦己者容"，每个人都希望自己容貌端庄，获人青睐。面容姣好，固然吸引众人目光，但是有德、善行，更甚于美貌。佛陀时代，玉耶女自恃貌美，而骄慢对人，后蒙佛陀教诲，成为品德端庄的女性。《佛遗教经》云："惭耻之服，无上庄严。"常常反省，心行端正，具贤德，知感恩，自然散发出高雅的气质与风范。

第三，步立必正

佛门威仪中，站立时要"前八后二"，是一种稳重的姿式；《弟子规》中教导修道者"步从容，立端正"，是强调行仪的养成。所谓"相由心生"，走路太匆忙，反映出自己的耐性不够，站立时东斜西歪，则被视为轻浮。若行得正，步立必正，不但威仪十足，也是流露自己的素养与内涵。

第四，视听必端

与人交谈，视听端正是尊重对方的一种表现。假如目不正视、耳不谛听，容易为人所诟病。西谚有云："显贵的人，总是思想崇高和举止优雅。"《颜氏家训》也说："目不斜视，耳不妄听。"能够视端正、耳善听，堪称君子所为，众人也必投以好感与尊重。

与人见面，第一印象重要，"诚于衷，形于外"更是要紧。外表威仪，内在也要具足挚诚、平静、善美。因此，平日行住坐卧，身心语默动静，应时时自我观照，从而培养内在的美德，自然流露于举手投足之间。

佛魔之别

世间是个"一半一半"的世界,佛的世界一半,另外一半是魔的世界。就如同地球上也是白天一半,黑夜一半;善人一半,恶人一半;男人一半,女人一半。不管任何好好坏坏、是是非非,彼此都是"一半一半"。

孟子说:"人性本善";荀子说:"人性本恶"。其实人性也是一半一半,而且经常处在佛魔交战的状态。人性中的佛与魔,其中的分别往往只在一念之间;修行就是要开发我们善的佛性,不受另一半魔境所影响。关于"佛魔之别",有四点说明:

第一,一念疑是魔,一念悟是佛

一个疑心病重的人,除了无法信任别人以外,对自己往往也没有自信,甚至无法接受真理,因此生活中除了经常造作恶业之外,也常因"疑"而烦恼重重。相对的,因你常对别人不信任,别人也无法真心诚意地与你交往,甚至会因彼此的疑,而造成误会、争执,以及自己学习上的障碍。法然大师说:"生死之家,以疑为所止;涅槃之城,以信为能入。"所以一念疑是魔,一念悟是佛。

第二，一念染是魔，一念净是佛

王阳明说："心者，天地万物之主也。"当一个人的心有所染污的时候，他的世间就是一个充满憎恶、觊觎、傲慢、虚伪的世界；相反的，如果一个人的心是清净的，他的世间就是一个充满慈悲、喜舍、安详的世界。如俄国作家托尔斯泰说："心灵纯洁的人，生活充满甜蜜与喜悦。"所以一念染是魔，一念净是佛。

第三，一念痴是魔，一念明是佛

人为什么会造作恶业？因为一念"痴"。赫尔利说："贤愚的分别，是在一个人的心念，不在一个人的贵贱。"愚痴，让人不明真理，不辨正伪，不知善恶，不分是非，所以愚痴是人类的根本烦恼。愚痴之可笑，如"削足适履""挖肉补疮"等，都是因为"痴"所造成的错误。庄子说："大惑者，终身不解；大愚者，终身不灵"；人除了要相信因果、充实知识外，更要见他人之过，正己之错。所以一念痴是魔，一念明是佛。

第四，一念邪是魔，一念正是佛

宋朝朱熹说："心之所感有邪正，故言之所形有是非。"一个人的心念是邪的，其所表现出来的言行举止，必定是贪赃违逆、渎职淫恶之魔事；心念正，则所言所行都是光明磊落，不离正道。韩愈说，一个人"欲修其身者，先正其心；欲正其心者，先诚其意"。因此，一念邪是魔，一念正是佛。佛与魔的分别，虽然只在一念间，其结果却有天壤之别，足堪我们慎思。

成果与因缘

世间上的人,有的人能成事,有的人只会败事;败事当然有败事的原因,成事也有成事的代价。例如看到植物开花结果,就想到必然有人播种造因;看到有人慈悲为善,就想到将来会有美好的结果。一个人的成功,都得之于艰苦的磨炼和砥砺的功夫,世间没有不劳而获的成功。那么成事的代价是什么呢?有四点因缘:

第一,若要成功,就要进取奋斗

有人说:"失败为成功之母,奋斗是成功之父。"人人都想成功,但"成功"不是凭空而得,也不是别人所能赐予,而是要靠自己积极进取、努力奋斗而来。没有辛苦的耕耘,那有丰硕的果实?放眼古今中外,举凡名人贤达的卓越成就,都是因为进取奋斗而成功。

第二,若要财富,就要播种耕耘

人都希望发财,但是田地里不播种、不施肥,怎么能开花结果?怎么会有收成?所以要想发财致富,必须要播种耕耘,将本求利。所谓"君子爱财,取之有道",切莫不择手段,贪图不义之财;不是自己耕耘所得,就不是你的财富!

第三，若要明理，就要广学多闻

有人希望聪明，有人希望知识；知识、聪明，都要经过学习，积累而成。不肯用心揣摩，没有听闻学习，如何能通达事理？不去研究推敲，怎么会有所得？"为学应如金字塔，要能广大要能高"，高深的学问，都要靠平时多闻与见识；"不是一番寒彻骨，怎得梅花扑鼻香"，要下过一番苦功，才有一番进境与体悟。

第四，若要和乐，就要彼此包容

人在社会里生存，若不懂得群居之道，不懂得和乐处众，则很难在社会立足。与人相处要和谐、尊重，彼此要包容、互助、迁就、谅解，如此才能成为知己！"一手独拍，虽疾无声"，凡事都要有人呼应，才能成功。与人相处和乐无争，则到处都有通路；给人善缘助成好事，才能成就自己的事业！

佛教讲："有如是因，必得如是果。"今天的收获是昨日的播种与经营；没有经过春耕夏耘，如何能有秋收冬藏？因此，一个人之所以成功必有成功的原因；之所以失败也必然有失败的理由。

了解缘起

近年来，一些报章杂志、书籍里屡屡谈到"缘起"。《大乘起信论》云："诸佛法有因有缘，因缘具足，乃得成办。""缘起"是佛陀究竟的体悟，不能完全将它当成知识或哲理来研究。"缘起"需要在日常生活中修正、体会、深观才能证知。了解缘起能有四点体认：

第一，能建立感恩的美德

"缘"就是相互共生的关系。如果没有父精母血的生养之恩，我们无法成人；国家没有稳定的政治，我们无法安全地生活；没有师长的教育启发，我们无法成才；没有各行各业日用所需不虞的供应，我们无法快速便利地生活。我们每一个人的存在，都要仰赖众人给予因缘，所以要感谢大众给我们的恩惠、助成。

第二，能培养随缘的习惯

万物的生成，需要仰赖缘起，因此我们不可以违背因缘行事，凡事随缘随分不强求，顺着真理生活。比方说生活作息正常，不颠倒；与人沟通，能随顺不同根性，顾念对方的立场；做事的态度上，能顺应原则，不违事理。随缘不是随顺习性、情绪，而是积极努力安住在每个当下，如此就能顺理成章，水到渠成。

第三,能拥有希望的未来

佛教常讲"未成佛道,先结人缘",结缘好比播种,种子下得勤,收成自然丰厚。有的人只要遇到困难,就会有贵人适时相助;有的人不怕给人利用,有好东西也不怕给人分享,所以总能得到好的机会,前途自然宽阔平坦。由此可知只要平日广结善缘,不怕未来没有机会。

第四,能了悟真实的人生

懂得缘起,能使我们觉悟人生实相是生命之间相通互成、彼此依存的道理,是累劫以来无数的因缘所成。菩萨行者能深观缘起,而了悟众生即我,我即众生,所有自他的存在都离不开因缘,所以能怨亲平等地将小我融入大我中,而体现"自他一如"的美妙。

人类是社会性生物,以相互依存的生活方式维持心理及生理的健康,并且相互寻求帮助,来减轻面临自然、生命变化所带来的痛苦。我们常说人生"有缘千里来相会,无缘对面不相识",了解缘起的可贵,把握当下,建立好因好缘,自然能有不同的人生景况。

福报哪里来？

常常有人羡慕：某人的福报真好，家世风光，子孙多又孝顺，要金钱有金钱、要爱情有爱情、要事业有事业、要官位有官位；为什么他什么都美满？我怎么什么都要不到？是不是上帝偏心，把世间所有的好运都给了他？其实，福报不是神力可给予的，福报是自己努力得来的。怎样才能有福报呢？

第一，勤俭节约

有的人虽然家财万贯，由于浪费奢侈，不懂节约，最后免不了穷困潦倒。周武王曾感叹："像纣天子这般奢华，竭天下之财以穷己欲，安有不亡国者！"相反的，有些人勤劳节俭，所以福报随之而来。

第二，善因好缘

有的人，事不关己绝对不过问，不与人结缘，当然也不会有好运气。有的人，只要行有余力，就热心助人，也不希求他人回报，但是好运都会降临，让他平安顺遂。想要有福报，必须先播撒福报种子，比如积极参与利益大众的善事，热心助人等事情，所谓"助人者，人恒助之"，多种一点善因缘，就是修福报的方法。

第三，慈悲喜舍

一个人有多少福报，可以由自己决定。《阿含经》记载，有一位小沙弥，本来应该夭寿的，因为一念慈悲，救了许多受困水塘的蚂蚁而延寿。一念善心，可以消除罪业；一念慈悲，能够增加功德。有人"拾金不昧"而获得福报，有人"不贪不义之财"而得到善缘，有人"救苦救难"而消灾免难，可见能够慈悲喜舍，福报就会到来。

第四，吃亏奉献

许多人害怕自己的利益受损，不愿意吃亏，那是心胸不够宽广。吃亏奉献是一种无私的、真心的付出，是一种欢喜的、不求回报的道德行为。如果我们常抱持着你是好人、我是坏人，你是对的、我是错的，你很伟大、我很渺小，快乐给你、苦恼给我，富有让你、贫穷我受的态度，尊重对方，处处为对方着想，必能获得对方由衷的敬爱。

不必羡慕别人的福报比我大，也不必研究别人的福报从哪里来。已经种下勤俭、结缘、喜舍、奉献的种子，自然能收到福报的果实。

菩萨的行为

什么叫作菩萨？菩萨是有修行、有觉悟的人。菩萨不是往生以后有道德的才能成为菩萨。人人都可做菩萨，只要肯利益社会大众，以自己的能力、知识帮助他人，满足众生需要，当下就是菩萨。菩萨的行为有四个特点：

第一，于菩提心永不退失

所谓"菩萨"，就是要发心自利利他、自觉觉他。不过，所谓"善门难开、好人难做"，在弘化度众的过程中，并不是事事都能顺利，但是发菩提心的菩萨，能够安住于四不坏信、大悲誓愿，以及般若空慧的大乘正道中，自然就能道心不退。

第二，于诸众生常无舍弃

行菩萨道的人度众生时，不分各个国家、不分种族、各行各业，他一概不会舍弃。他不会说我只度中国人，不度外国人，我只度这个地方，不度那个地方，如《金刚经》所言："所有一切众生之类，我皆令入无余涅槃而灭度之。"菩萨能够如实观照，无分别智，对于一切众生都是平等、不舍弃的。

第三，一切善行从不餍足

《陀罗尼杂集》云："菩萨有四大事：心如大地、心如大海、心如桥船、心如虚空，能长养一切善法，能包容一切差别，能启发一切欢喜，能成就一切因缘。"菩萨对于一切的好事、善事不会满足，慈悲愈多愈好、道德愈多愈好、善事愈多愈好，他不会昨天才布施，今天就不布施了；昨天才帮的忙，今天就不帮了，对于善行，他永远不会厌烦。

第四，护持正法起大精进

对于正信的宗教，我们要护持，三宝弟子的责任是护持正法，为佛教贡献心力、物力，譬如支持佛教教育事业、培养佛教青年等，对于毁谤三宝者，要能挺身辩解，要有"佛教靠我"的信念。胜鬘夫人发十大誓愿护持正法，饶益众生，被佛陀授记为普光如来。护法等于护持一块福田，精进播种，必能开花结果。

想要成为菩萨，必须培养和具备菩萨的性格，禅门大德云："欲为诸佛龙象，先做众生马牛。"菩萨不是呼风唤雨、点石成金的神仙，也不是泥塑木雕的偶像。有心趋向觉道，肯乐于结缘，为众生服务的人，就有资格称为菩萨。

戒的利益

现在是一个讲求"自由"的时代,有人好奇:为什么有人愿意求受佛教的戒法,那不是给自己束缚吗? 其实,佛陀在制戒之初,宣说制戒的十大利益,戒的精神在自由,而非束缚,能够真实认识戒律,进而受持的人,就能享有真正的自由。受戒的利益很多,有以下四点说明:

第一,戒如甘霖解除干旱

《大乘义章》云:"言尸罗者,此名清凉,亦名为戒,三业炎火,焚烧行人,戒能防息,故名清凉。"众生因为久远以来受无明习气的影响,常在烦恼的热火中不能出离。持守戒法,就如同领受甘霖雨露一样,能够解除我们心中无尽的欲望,熄灭烦恼火焰,得到滋润。

第二,戒如丛林庇荫依靠

丛林里,林木蓊郁、古树参天,不但能庇荫路人享受清凉,各种飞鸟、走兽,也欢喜聚集在里面,谋求安全的依怙。《四分戒本》言:"戒又名清凉,遮热烦恼令不入故。"所谓:"大树底下好遮荫","戒"就如丛林一般,能够让我们得到安全与清凉。

第三，戒如地图指引方向

戒律像地图一样，能够正确清楚地指引我们，知道未来的方向在哪里。例如，持五戒可以来生做人，守十善业可以上升天界，享受福报，受菩萨戒未来可以做菩萨，饶益自他。因此，不论是人生或者修行路上，我们都需要戒的指引，才不会迷失方向而误入歧途。

第四，戒如巨筏引渡迷津

生死如大海深渊，如果没有船筏的引渡，众生要如何才能安渡彼岸，不会被海浪吞没呢？《心地观经》云："渡生死河，戒为船筏。"能够守戒不作恶而造善业，自然能安渡业海，到达清净极乐的彼岸。

戒是善法的基础，是身心依止处。《七佛通戒偈》云："诸恶莫作，众善奉行。"家庭成员守戒，家庭就会和乐幸福；全民百姓守戒，社会就会安宁富饶；人人守戒，世界就能和平大同。

戒，不但能使我们远离恶性，得大自在，更是我们转凡为圣的要门。

如何解脱生老病死

生老病死是每个人最大的无奈,所谓"如人饮水,冷暖自知",没有人可以代替,无人能帮助。既生之后,不可避免地要面对老、病及死,不管高官巨富,还是贩夫走卒,同样要公平地接受。生老病死既是不可避免之事,如何不让生老病死束缚,而且还能在生老病死里逍遥自在,跳脱生老病死的框框,是人生最值得学习的本领。在此提出四点看法:

第一,生是前世的造作,要去改进

大部分的人对于自己的"生",毫无选择的余地,时间、地点、家庭、父母,都是被动的。可是,依佛教义理说,每一个生命都是果报,正报(美丑、智愚等自身条件)和依报(环境、家庭、父母等外在条件)好不好,受自己前世的行为造作的影响。因此,"生"其实还是可以自己作主的。来生的质量就由今生的作为来改良。

第二,老是无常的定律,要去接受

老是自然现象,世间上哪样东西不在岁月里老化?变异不停地老化就是无常的示现,无常是世间唯一的常态。要接受自己由耳聪目明的青壮少年,逐渐成为眼花耳背的佝偻老人,接受自己的容貌由鲜妍丰腴转为鸡皮鹤发。体力随着年龄渐增而衰弱没关系,重要的是智慧、慈悲能随着年龄渐增而长进。

第三,病是必然的现象,要去承担

人吃五谷杂粮难免会生病,要勇敢承担。祖师大德说:"修行常带三分病",有病才会发道心,有病就会更珍惜自己所拥有的好因缘,也会更加体会众生的苦难。身体病了除了医药,也要自己留意起居;心理病了,更要发奋做自己的医师,把心理重建起来。

第四,死是神识的流转,要去面对

死亡不是没有,是移民到另外的世界,所谓五趣流转六道轮回。我们看到亲朋好友移民到国外,都会为他饯行;面对自己或亲朋好友舍去这个已不堪用的色身,也不需悲伤,或许借此能换个更好的色身,或移民到更好的世界去。滔滔江河水奔赴大海,再蒸发成气、成雨,又下到这个地面来。人的生命也是如此流转不停,又有何惧?

人的生命是永不停止的学习过程,只要能改进、接受、面对及承担自己的生命,又何惧生老病死?

去除无明

无明是指内在贪嗔痴的精神作用,它会障蔽我们的清净本性,让我们对世间事物不明白,而产生种种分别、计较、不安的烦恼。《杂阿含经》说:"贪欲永尽,嗔恚永尽,愚痴永尽,一切烦恼永尽。"去除一分无明,就能除去一分烦恼,要如何去除无明呢?有五种方法:

第一,以喜舍对治贪欲的洪流

"贪"是对五欲、名声、财物等没有餍足的精神作用。语云:"世间痴人为贪欲所役,为贪欲所缚,用现世不得脱诸畏,后世亦不得脱,以是故诸苦为欲。"经典也以洪流来比喻贪欲,可见它的过患和危险。只有常怀喜舍之心、淡泊之心,才能知足常乐,才能解除贪欲执着之苦。

第二,以谅解息灭嗔恨的火种

经典有喻,嗔心如火,烧得众生热恼不已,身心无法安顿;谅解则是给予包容、空间,是一种同体慈悲。蔺相如谅解廉颇的心情,一再退让,感得对方息去怒火而"负荆请罪";老和尚谅解禅堂小偷的慈悲用心,让禅堂的住众放下嗔恚,也感动当事者"回头是岸"。

把身心安住在谅解上,事情会有转圜余地,世界也会更宽广。

第三,以智慧照破愚痴的暗夜

愚痴的烦恼,使得我们心中闭塞,暗愚迷惑,不能下一适当判断,也无法明了真相。佛教以"灯"比喻智慧,所谓"千年暗室,一灯即明",七里禅师以一句"他谢过了",让小偷开启内在的灯光,不再偷窃;马祖道一质问一句"为什么不射你自己",点拨猎人放下弓箭,不再杀生。内心多一分智慧,愚痴无明就少一分。

第四,以谦虚铲除我慢的高山

所谓"我慢山高,法水不入",一个人心生骄慢,与无明相应时,傲视一切,却看不到自己的缺点。在拿破仑的"字典"里没有"难"字,却无法征服慢心,滑铁卢一役,终致大势已去;项羽虽"力拔山兮气盖世",刚愎自恃的结果,最后也只能慨唱"时不利兮骓不逝,骓不逝兮可奈何"。人在高位时,更应有谦虚胸怀。

第五,以信心撤离疑虑的屏障

《华严经》云:"信为道元功德母,长养一切诸善法。"信心是一种远离怀疑之清净心,能断除疑虑的屏障。因为有信心,富楼那尊者不畏输卢那国人民顽劣,发愿弘法,教化众生;因为有信心,玄奘大师"宁向西天一步死,不回东土一步生",西行求法,为教为人。有了信心,就能不怕困难挫折;有了信心,就能走向光明大道。去一分无明,证一分菩提,这就是"转烦恼为菩提"。

生死的意义

人自出生后,就有生命,就会面对生死。其实,人也不是父母生养我们才有生命,在没有出生以前,本来就有生命,只因隔阴之迷而忘记了,因此禅师一生参究"什么是父母未生前的本来面目",来找寻生死的答案。此外,也不是老病以后就死了,就算死了,也死不了,因为死的只是躯体,生命还是会流传下去,如同薪尽火传,生命之火不曾熄灭。不过,生死的现象有很多种意义,说明如下:

第一,身体上的生死

我们这个身体,从出生到老、病、死,都在不断地生死。生物学家说,人身上的细胞,在一周之内,都会全部更换,表示这身体所有的细胞都死了。旧的细胞死了,新的细胞再生,因此,这个身体是不断地生生死死,死死生生。

第二,苦难上的生死

人一出生,就是一种责任,在世间上,无论你拥有高官厚爵,或享有荣华富贵,从佛法来看,都是一种责任、一种苦难。所谓"爱不重,不生娑婆;念不切,不生净土",众生由于业力,来到人间承受苦难的业报,再怎么健康,会有衰老的时候;再怎样富有,会有失去的一天；物质上再丰厚得意，内心不满足，也不会感到幸福。因此，如何弥补人间的苦难，在面对苦难的生死，而觉得不苦不难，能安然处之，生活泰然，就能超越苦难的生死。

第三，思想上的生死

人生中，我们经常有不明白的时候，如果能够把一个无明想通，把一个烦恼解决，把一个想法贯通，"我明白了""我想通了""我懂了"，这就是一种思想上的生死。因此，我们在思想上，也是不断地生生死死。甚至古人说："苟日新、日日新、又日新"，梁启超的名言："今日之我，不惜与昨日之我宣战"，美国教育家杜威的"重新估定一切价值"等等，这些都是思想上生死的超越。

第四，悟道上的生死

觉悟是生命疑惑获得解答，生死烦恼获得解脱。在悟道里，也有不同的层次。比方你对某一件事，不能只是"我知道了"，你还要对彼此的因缘关系都能了解。乃至你只是"知道"，也还不够，对世间的关系，都懂了，都通彻了，才是究竟。就像禅门悟道，它是活水长流，每天有很多的小悟，集很多小悟、中悟，忽然有个恍然大悟，对于"生从何来，死将何去"都了然于心，再也无惧生死。这就是悟道层次上的生死。

了生脱死

在佛教里,你问许多佛教徒:"为什么要信仰佛教?"很多人会回答:"要了生脱死。"问他:"为什么要修行?"他也会说:"要了生脱死。"可是,你再问他:"什么叫了生脱死?""你看过哪一个人了生脱死了吗?""了生脱死以后,你要到哪里去?"恐怕就很难有人回答得出来。其实了生脱死并不难,怎么样才是了生脱死呢? 有以下四点意见:

第一,要生活满足

不管富贵、贫穷、多少、得失、荣辱、高低,在生活上,遇到各种境界,我能认识,我能接受,我能处理,我能化解,我能感到很满足,没有生存的畏惧,没有生存的烦恼,内心很安然、很喜乐,这就是"了生"。

第二,要死而无畏

面对死亡时,我不畏惧。我不怕以后是否会下地狱、会受什么苦难,为什么? 因为我知道自己的行为。所谓"预知来世果,今生做者是",我可以为自己的行为负责,知道现在怎么做,未来会有什么结果,只要我不做坏事,就不怕会有不好的情况,也不怕没有不好的未来。所以面临死亡无有恐怖,心中无畏,就是"脱死"了。

第三,要余力助人

生死之外,人会有自己谋求生存的力量。当你还有余力时,要做什么呢?帮助别人、帮助世间、帮助社会。佛经云:"菩萨发心,自己未度,先度他人。"在有余力帮助他人、成就对方的时候,你就是造福了别人,造福了人群,甚至造福了社会,也逐渐完成了自己。

第四,要德荫他人

你有了"了生脱死"的修养,"了生脱死"的认知,你必定是一位有品德、有善念的人。假如你有德,事事想到"人外有人""此处之外,还有他方",就要把自己的道德、智慧、事业,都能庇荫他人、贡献他人、利益他人,让别人和我一样,获得解脱生死的喜悦。

"了生脱死"是人生的大问题,但是,要重新认识它的定义。面对生命的本体、生死的相状、生活的运用,可以把这"体、相、用"了解透彻,加以落实,那么,现生就可以"了生脱死"了。